FVA

Von Besnik Mustafaj erschien in der
Frankfurter Verlagsanstalt der Roman
Kleine Saga aus dem Kerker

Besnik Mustafaj

Albanien: Zwischen Verbrechen und Schein

Aus dem Albanischen
von Joachim Röhm

Frankfurter Verlagsanstalt

Die Originalausgabe erschien
1992 unter dem Titel
ENTRE CRIMES ET MIRAGES: L'ALBANIE,
© Actes Sud, 1992
und wurde vom Autor für die
deutsche Ausgabe bearbeitet.

Deutsche Erstausgabe
*Die Übersetzung dieses Werks
erfolgte mit finanzieller Unterstützung
der Europäischen Kommission*
1. Auflage 1997

Schutzumschlag- und Einbandgestaltung:
Bertsch & Holst, Frankfurt am Main
Unter Verwendung eines Fotos von
Ettore Malanca / SIPA PRESS
Herstellung: Katja Holst
Satz: Fotosatz Reinhard Amann, Aichstetten
Druck & Bindung: Clausen & Bosse, Leck
ISBN 3-627-00058-7

Den Studenten der Universität und
der anderen Hochschulen Tiranas
in tiefer Dankbarkeit für ihr großartiges Werk.

Inhalt

Anstelle eines Vorworts

Ein französischer Tourist besuchte in Albanien ein Dorf. Der Vorsitzende des Volksrats hatte seinen ganzen Eifer in die Darlegung der »grundlegenden Umgestaltungen auf dem Dorf unter der Führung der Partei und des Genossen Enver« investiert und erwartete nun von dem fernen Gast einen Ausbruch der Begeisterung. Zu seinem Erstaunen blieb der Franzose mürrisch und einsilbig. Der Ortsobere sah sich veranlaßt, vom Dolmetscher eine Erklärung für die Übellaunigkeit des Ausländers zu fordern.

»Ach, laß ihn doch, den Armen! Lege nicht noch den Finger auf seine Wunde! Er denkt an sein Land, das vom Kapitalismus in Not und Elend gestürzt worden ist«, zog sich der Dolmetscher schlau aus der Affäre.

»Sage ihm, er soll nicht deprimiert sein, sondern sich besinnen und zusammen mit seinen Genossen die Kommunistische Partei aufbauen. Unsere Partei wird es an Hilfe nicht mangeln lassen. Sein Volk hat nur dann eine Zukunft, wenn es die Lehren von Marx, Engels, Lenin, Stalin und des Genossen Enver befolgt. Paris, das wird er dann schon sehen, wird aufblühen wie unser Dorf.«

Der erste Vertreter der Staatsmacht in jenem Dorf war überzeugt, den Besucher mit dem allerwertvollsten Trost und Rat versorgt zu haben.

Man begann sich diese Anekdote in Albanien zu Beginn der achtziger Jahre zu erzählen; damals war ich noch Student. Der Vorfall ist erfunden, doch die Personen sind echt. Um auf einen der bevorzugten Begriffe aus dem Wörterbuch der kommunistischen Propaganda zurückzugreifen: Der Bauer ist der Prototyp des albanischen NEUEN MENSCHEN, den die abscheuliche Staatsmaschine der Diktatur des Proletariats im Verlauf von fünfundvierzig Jahren hervorgebracht hat. Sein Enthusiasmus ist durchaus ehrlich, ebenso wie seine Enttäuschung über die kühle Reaktion des Gastes aus dem fernen Land auf die »großartige Wirklichkeit« seines Landes.

Nach Alter und Amt repräsentiert unsere Hauptperson den Durchschnitt an politischer und kultureller Bildung in seinem Lebensbereich. Nehmen wir einmal an, der französische Tourist hätte seinen Gastgeber nach seinem Weltbild gefragt. Unausweichlich wäre folgende Antwort gekommen:

»Die Welt ist aufgeteilt in zwei sich unversöhnlich gegenüberstehende politische Hemisphären.

Zur einen gehören die kapitalistischen Länder Europas, Amerikas, Afrikas und Asiens mit den USA an der Spitze. Ende der fünfziger Jahre, nachdem in der UdSSR Chruschtschow die Macht angetreten hatte, dieser Verräter, dem unsere Partei und Genosse Enver Hoxha dann die Maske vom Gesicht gerissen haben, gingen auch die Länder des ehemals sozialistischen Lagers, wo man die Entartung der Volksmacht zugelassen hatte, in diese Hemisphäre über. An der Spitze dieser Länder steht die Sowjetunion, und zwar als Gendarm, nicht als Primus inter pares. Im Osten wie im Westen leben die Völker im Elend, werden barbarisch unterdrückt und ausgebeutet, während eine Minderheit, die noch nicht einmal 0,01 Prozent der Bevölkerung darstellt, in märchenhaftem Luxus schwelgt.

Die andere Welthemisphäre, auch wenn zu ihr aus den in

den Analysen unserer Partei und den Werken des Genossen Enver dargelegten Gründen nur 28 000 Quadratkilometer mit 3 Millionen Einwohnern gehören, ist die wichtigere. Sie besteht aus Albanien, dem einzigen Land, in dem das Volk die Macht hat. Wie es im November 1960 in Moskau durch den Mund von Enver Hoxha, seinem teuersten Sohn, dem Architekten des neuen Albanien, erklärt hat, wird das albanische Volk ›lieber Gras essen als die Prinzipien des Kommunismus verraten‹. Als Verteidigerin solcher unsterblicher Prinzipien hat sich unser Land bei den freiheitsliebenden Völkern der Welt ein beispielloses Ansehen erworben. Unter Führung seiner weitsichtigen Partei mit dem Genossen Enver Hoxha an der Spitze hat es in dieser ungemein schwierigen Zeit die historische Verpflichtung übernommen, den schönsten Traum der Menschheit wachzuhalten: den KOMMUNISMUS. Zutiefst dankbar dafür, daß unsere Partei der Arbeit Albaniens die Mission auf sich genommen hat, ihnen den Weg in die Zukunft zu weisen, bezeichnen sie diese voller Bewunderung als ›Stimme der Wahrheit‹.

Die grenzenloseste Dankbarkeit genießen die Partei der Arbeit und Genosse Enver indessen beim albanischen Volk. Sie findet ihren politischen Ausdruck in der Losung: PARTEI UND ENVER, WIR SIND IMMER BEREIT. Und die Partei antwortet: ›Was die Partei sagt, tut das Volk, und was das Volk will, tut die Partei!‹ In dieser vom Genossen Enver persönlich formulierten Losung synthetisiert sich auf glänzende Weise die unverbrüchliche Einheit von PARTEI UND VOLK, welche, wie erneut Genosse Enver sagt, ›der goldene Schlüssel zu allen unseren Siegen ist‹.«

Selbstverständlich hatte auch die Kunst ihre Inspiration »aus dem großartigen Leben und Wirken Enver Hoxhas« zu beziehen. Kilometer an Versen wurden gedichtet. Tonnenweise Farbe wurde verbraucht, um das freundlich lachende und dabei tief durchgeistigte Antlitz des WEGWEISERS auf gigantische Leinwände zu bannen. Und dann vor allem das Liedgut, mit dem Albanien nicht nur durch die staatlichen Rundfunkprogramme, sondern auch alle möglichen Konzerte überschwemmt wurde.

Eines dieser Lieder, es trägt den Titel »Enver Hoxha, ein langes Leben«, machte sogar der Nationalhymne ihren Platz streitig.

Tatsächlich gab es dafür nie eine Anweisung des Zentralkomitees. Das war auch gar nicht nötig. In diktatorischen Regimen gibt es alle möglichen Methoden, nirgends niedergeschriebene Regeln durchzusetzen. Sie bestimmen die Lebensweise der Gesellschaft sogar stärker als alle Gesetze. Das Individuum fühlt sich ständig schutzlos, und eine ganz eigenartige Psychologie ergreift von ihm Besitz, dominiert von existentieller Angst, die mit der Gewöhnung aus dem Bewußtsein verschwindet und einer merkwürdigen Urteilsblindheit Platz macht. Diese Verblendung markiert den endgültigen Sieg der Diktatur. Wie die wilden Tiere im Dschungel ihre Beute vor dem Zerreißen durch Blicke lähmen, so lähmt auch das diktatorische Regime unmerklich das Individuum, vernebelt sein Gehirn. Es nimmt nicht mehr die Wirklichkeit ringsum wahr, sondern eine illusionäre Wirklichkeit, wie sie ihm die offizielle Propaganda vorsetzt. Bei einem beträchtlichen Teil der Bevölkerung ist diese Benebelung total. Sie spart keinen Winkel des Gehirns aus, in dem wenigstens ein Rest von Logik gedeihen könnte. Ich möchte ein Beispiel für die Dimensionen geben: Von den Zehntausenden politisch Verurteilter, die es in den Jahren der Diktatur in Albanien gab, hat kaum je einer den Vorwurf akzeptiert, ein Gegner des Regimes zu sein. Blättert man in den

Dossiers, findet man unzählige Beteuerungen ihrer Treue zur Partei und zum Genossen Enver Hoxha. Einige von ihnen, die eben zu absurden 15, 20, 25 Jahren Haft oder sogar zum Tod durch Erschießen verurteilt worden waren, prangerten in ihrem Schlußwort nicht entschieden die Gewalt und das Unrecht an, das ihnen angetan worden war, sondern riefen aus: Es lebe die Partei! Es lebe Genosse Enver Hoxha!

Im Vergleich zu diesen Beispielen, die aus der Entfernung eines anderen Landes oder einer anderen Zeit kaum nachvollziehbar sind, macht sich die Etablierung des Lieds »Enver Hoxha, ein langes Leben« als Ouvertüre zu allen öffentlichen Spektakeln in Albanien eher platt aus. Dieses Lied ist zweifellos eine der emphatischsten Dithyramben, die je auf einen Diktator ausgebracht worden sind, und es umreißt zugleich das Ausmaß seines Größenwahns. Hier eine der Strophen:

Die Völker dieser Welt, sie sagen:
Ein heller Stern strahlt in Europa,
Glücklich der, auf den das Licht fällt,
Dieses Sternes aus Albanien.

Zwei der drei Protagonisten unserer Anekdote gehörten zu den privilegierten Bürgern der Welt am Ende dieses Jahrhunderts. Sie waren im Lichte dieses Sterns aufgewachsen. Dem Ausländer mögen der Dorfchef und der junge Dolmetscher gleich und gleichermaßen unnatürlich erschienen sein, wie Lebewesen, die unter künstlichem Licht herangezogen worden sind. Doch sie waren nicht gleich. Es existierte ein Unterschied zwischen ihnen, der sie nicht allzu viele Jahre danach in Konfrontation zueinander bringen sollte. Ich möchte die beiden kurz vorstellen:

Der Bauer an der Macht geht auf die Fünfzig zu. Ein knochiger Mann mit dünnen O-Beinen, die sich deutlich abzeichnen unter den schwarzwollenen Beinkleidern, in denen man selbst in der größten Sommerhitze nicht schwitzt. Die schmächtigen, eingesunkenen Schultern, die seltsam die eingefallene Brust verbergen, umhüllt eine vom langen Tragen verschossene Militärjacke, von der die Offiziersrangabzeichen entfernt worden sind, was etwas zu bedeuten hat: Er ist aus dem Offiziersdienst ausgeschieden, gewiß aus einsichtigen Gründen, denn er hat ja danach einen Posten in der Staatsmacht bekommen, oder in seiner Verwandtschaft gibt es einen Armeeangehörigen. Wahrscheinlich ist es sein Sohn. Alles in allem besteht kein Zweifel: Er genießt Vertrauen. Auf seinem kleinen, kurzgeschorenen Kopf sitzt eine dunkle Schirmmütze. Diese Gewohnheit hat er den »Genossen« vom Bezirksparteikomitee abgeschaut, denen er häufig bei Versammlungen in der Stadt begegnet und ein wenig gleichen möchte. Seine Augen liegen tief in den Höhlen und wirken dadurch noch kleiner, auf jeden Fall vermögen sie kein Leben in sein durch ständigen Aufenthalt im Freien bei Sonne, Wind und Wetter tiefgegerbtes Gesicht zu bringen. Sein Blick ruht mitleidig auf dem Gesicht des ausländischen Touristen, dessen glatte, blasse Haut für den fünfzigjährigen Albaner von nichts anderem zeugt als von unzureichender Ernährung. Oder einer bösartigen Krankheit, die das ausländische Opfer barbarischer kapitalistischer Ausbeutung aus Geldnot nicht behandeln lassen kann. Fast möchte er dem ausländischen Gast eine Blutspende anbieten, ohne zu ahnen, daß Gedanken von ziemlich gleicher Art auch im Kopfe des Touristen herumgehen. Die sonnenverbrannte Haut seines Gesichts reicht aus, um dem Fremden eine Vorstellung von dem Leben zu geben, das dieser glückliche Bauer geführt hat und führt.

Der Dolmetscher ist im gleichen Alter wie der jüngste Sohn des Bauern. Er studiert im letzten Jahr an der Fakultät für Fremdsprachen und wird sich zunehmend der Schwierigkeiten seiner Rolle als Mittler zwischen dem eigenen Land und Ausländern bewußt. Er steckt in einer doppelten Zwickmühle. Die Menschen, denen er zugehört, erwarten von ihm, daß er sein Vaterland würdig präsentiert. Darunter ist zu verstehen, daß den Fremden einzig die großartigen Fortschritte vorgestellt werden, was für den Dolmetscher eine moralische und patriotische, auf jeden Fall aber auch staatliche Pflicht ist, deren auch nur geringfügige Verletzung ihn in die Hände des Sigurimi[1] bringen würde. Psychologisch gesehen, macht die moralische Verpflichtung, die durch das Sprichwort »Dem Gast zeigt man nur die gute Stube« umrissen und zudem mit der intensiven Propaganda bezüglich der heimtückischen Absichten der reaktionären Welt gegenüber dem durch »unsere Partei« verkörperten wahren Sozialismus bepackt ist, den jungen Dolmetscher im Umgang mit dem Ausländer befangen. Entscheidend ist allerdings die staatliche Pflicht, deren Verletzung ihm geringstenfalls, das heißt, wenn man ihm den Vorwurf der Spionage erspart, zehn Jahre Haft wegen Propaganda gegen die Volksmacht einbringen kann. Dieses Risiko ist nicht leicht zu verkraften, schon gar nicht für einen Zwanzigjährigen.

Selbst ist der junge Dolmetscher noch nie im Ausland gewesen, als Begleiter von Ausländern aber viel in Albanien herumgekommen. Er ist in luxuriösen Limousinen der Marke »Volvo« gereist, hat in Touristenhotels übernachtet und in erstklassigen Restaurants gegessen, ohne sich Gedan-

1 Arma e Sigurimit të Shtetit oder kurz Sigurimi: Staatsicherheitsdienst im kommunistischen Albanien.

ken über die Kosten machen zu müssen. Er hat also die angenehmen Seiten des Lebens kennengelernt, die so gar nichts mit den unentwegten Lamentos »der Partei und des Genossen Enver« über den Kampf gegen das kleinbürgerliche Wohlleben zu tun haben.

In dem jungen Dolmetscher ist mittlerweile, ohne daß es ihm bereits bewußt geworden wäre, das Verlangen erwacht, an diesem Wohlleben teilzuhaben.

Aber die Verwirrung in seinem jungen Gehirn ist nicht nur darauf zurückzuführen. Neben dem ausländischen Besucher erscheint ihm die eigene Kleidung zunehmend unkleidsam und schäbig. Berücksichtigt man sein Alter, ist es nur zu natürlich, daß er zum ersten Mal schwankend wird, was die Normen der äußeren Erscheinung anbelangt, denen zu dieser Zeit die besondere »Wachsamkeit der Partei« gilt. Dem Protagonisten unserer Anekdote kommt die übertriebene politische und ideologische Bedeutung, die der Schlagweite von Hosen oder der Länge der Haare beigemessen wird, immer absurder vor. In seiner bis dahin homogenen Psychologie tun sich Risse auf, erst recht, als der Ausländer fragt, welcher Schaden dem Sozialismus denn durch Schnurrbärte entstehen kann, wo doch auch Stalin einen solchen getragen hat. Puterroten Gesichts stottert der junge Dolmetscher etwas vor sich hin, weil ihm keine gescheite Antwort einfällt. Die Äußerung des Genossen Enver, daß »Mode moralische Degeneration bedeutet und nur ein kleiner Schritt die moralische von der politischen Entartung trennt«, ist nicht genug, um ihn selber zu überzeugen, geschweige denn den Ausländer.

Er findet nicht heraus aus diesem absurden Drama. Die Kenntnis fremder Sprachen hat es ihm ermöglicht, ab und zu eines der »verbotenen« Bücher zu lesen, die trotz der vom

Regime betriebenen hermetischen Abschottung doch nach Albanien hereinkommen. »Doktor Schiwago«, »Der Scherz«, »Krebsstation« ... Normale jugendliche Neugier hat den Studenten dazu verführt, vom verbotenen Apfel zu kosten, und nach einiger Zeit ertappt er sich bei der Sünde: Er hat angefangen, »anders« zu denken. Er erkennt, daß sein Verlangen, mit den ausländischen Besuchern über Zivilisation, Kunst oder Philosophie zu diskutieren, immer übermächtiger wird. Erstaunlicherweise reagieren sie auf seine Fragen keineswegs mißmutig. Sie lächeln noch nicht einmal herablassend über die für einen Studenten im letzten Studienjahr naiven Fragen. Besonders angenehm sind die Gespräche während des Mittag- und Abendessens, wenn der Wein ihm ebenfalls ein wenig die Zunge gelöst hat. Doch das geht nicht so weit, daß er sich in gefährliche Zonen vorwagte. Hinter vorgehaltener Hand hat man ihm gesagt, daß die Tische, an denen Ausländer Platz nehmen, und ihre Zimmer scharfe »Ohren« haben. Die seinem Alter so fremde, aber unabdingbare Selbstkontrolle erschöpft ihn und verleidet ihm den Spaß an der Arbeit, für die er keinerlei Entgelt erhält. Und dann noch die Strapaze, Gespräche übersetzen zu müssen, wie das des Ausländers mit dem Bauern.

Nachdem er den Touristen auf dem Flughafen Rinas abgeliefert hat, kehrt er in die Stadt zurück, um einen kurzen gemeinsamen Abend mit seiner Freundin zu verbringen, auch sie Studentin. In der Tasche hat er ein paar Streifen Kaugummi, die ihm der ausländische Gast unter den Augen des Sigurimi heimlich zugesteckt hat. Er ist glücklich, daß er seiner Freundin mit diesem seltenen Geschenk eine Freude machen kann, einem Symbol für die »Entartung« der Jugend in den bürgerlichen Ländern.

Das Mädchen ist neugierig und möchte wissen, wie es

ihm ergangen ist. In ihrem Kopf haben sich eine Menge Fragen angestaut, die sich nun über den Freund ergießen, noch ehe sie zum Wichtigsten kommt: wie sehr er ihr gefehlt hat.

»Wie ist er?«

»Wie ißt er?«

»Was hält er von der Ehe?«

»Hat er ein Auto?«

»War er schon in anderen Ländern?«

»Stimmt es, daß Kadare für den Nobelpreis nominiert ist?«

»Ist es . . .?«

Der Junge hört zerstreut zu, was es dem unschuldigen Mädchen schwermacht, all die Fragen, die ihm auf der Zunge brennen, an den Mann zu bringen. Ihre Stimme stockt, und lange erforscht sie den Freund mit Blicken, als könne sie so herausbekommen, was in seinem Kopf vorgeht. Als habe der Junge nur darauf gewartet, endlich zu Wort zu kommen, sagt er:

»Ich höre auf mit den Ausländern . . . Das ist keine Arbeit für mich . . .«

Irgendeine Sperre hindert ihn daran, die erwartungsvolle Geliebte zu küssen. Er selbst hätte nichts nötiger als ihre Zärtlichkeiten. Beide, er und das Mädchen, sind sich noch nicht klar darüber, wer da ihre abendliche Idylle stört. Oder genauer, sie wissen noch nicht, wer und was ihrer schönen Beziehung ganz allgemein abträglich ist.

Die beiden albanischen Helden unserer Anekdote sind also ganz unterschiedlich. Es ist die Verschiedenartigkeit der beiden Generationen, die, ohne sich dessen noch bewußt zu sein, in den achtziger Jahren Albaniens Weg von zwei entgegengesetzten Positionen aus prägen sollten. Die Gesetze der

Natur bestimmten den Jüngeren zum Sieger. Leider war die Arterie zwischen beiden durchtrennt, so daß es ihnen unmöglich war, ihre Kräfte zu vereinigen. Dadurch verzögerte sich der Erfolg. Keiner war schon stark genug, den anderen von der Bühne zu verjagen.

... dass du sollst öffnen die Augen der Blinden ...

Jesaja 42, 7

Ausländische Journalisten, nach dem Dezember 1990 von Albanien angelockt, wollten von mir wissen, weshalb sich die albanische Intelligenz während des halben Jahrhunderts der stalinistischen Diktatur nicht stärker bemerkbar gemacht hat. Ich denke, daß diese Frage eher der Unkenntnis der albanischen Geschichte entspringt als einem Mangel an Sympathie.

Wie sieht also die jüngere Geschichte der albanischen Intelligenz aus? Nach dem Sieg über die Nazis zog im November 1944 die kommunistische Regierung in das befreite Tirana ein. Albanien hatte weniger als eine Million Einwohner, und rund neunzig Prozent davon waren Analphabeten. Die wenigen Intellektuellen, die ihre Ausbildung in den zwanziger und dreißiger Jahren vor allem in Italien, aber auch in Österreich, Deutschland, Frankreich oder anderen Ländern erhalten hatten, gerieten sofort in die Mühlen einer ungemein brutalen politischen Verfolgung. Viele von ihnen flohen nach Westeuropa oder Amerika. Wer blieb, landete oft für fünfundzwanzig Jahre im Gefängnis oder, noch schlimmer, vor dem Erschießungspeloton. Der Vernichtungsfeldzug begann bereits 1946. Einige dieser Intellektuellen, die als Antifaschisten am Krieg teilgenommen hatten, kandidierten mit Erfolg bei den Parlamentswahlen im Dezember 1945. Mit dem Kommunismus hatten sie nichts gemeinsam. Sie fühlten sich demokratischen Grundsätzen verpflichtet und schlossen sich in dem neuen Parlament zur Opposition gegen die Kommunistische Partei zusammen, welche die Macht ergriffen hatte. Das war genug, um sie zu Volksfeinden und Agenten der Bourgeoisie zu erklären und mit kapitalen Strafen zu belegen. Das war der Beginn des roten Terrors gegen die Intelligenz, der sich in den folgenden Jahrzehnten in Wellen fort-setzen sollte, ohne je abzureißen.

Unter diesem Terror verfestigte sich der überkommene intellektuelle Rückstand. So hatte Albanien Ende der vierziger Jahre keine Intelligenz mehr. Sie mußte gänzlich neu entstehen. Enver Hoxha hatte innerhalb kurzer Zeit die ganze Macht in seinen Händen vereinigt. Als einziger unter den Diktatoren des Ostens hatte er seine Ausbildung nicht in Moskau, sondern im Westen erhalten. Die Geschichte zeigt, daß er die Gefahr, die Intellektuelle für eine Diktatur darstellen, sehr genau erkannte.

Um sicherzustellen, daß die künftigen »Intellektuellen« ganz im Dienste der neuen Machthaber standen, erwählte man eine Anzahl junger Kommunisten zum Studium in Moskau. Aus den Reihen dieser zwischen 1946 und 1955 in den stalinistischen Lehranstalten der UdSSR erleuchteten »Intellektuellen« rekrutierten sich dann auch die ersten Professoren der 1957 gegründeten Universität von Tirana. Man kann sich leicht vorstellen, welche Ideen sie an mehrere Generationen junger Albaner weiterzugeben versuchten. Begünstigt wurde das sture ideologische Diktat über das Schulwesen durch die vorwiegend bäuerliche Herkunft der Studenten. Immer noch lebten mehr als achtzig Prozent der Bevölkerung Albaniens auf dem Dorf.

Aber nicht nur das. 1960 verweigerte Enver Hoxha Chruschtschow bei seinem Schlag gegen den Stalinkult die Gefolgschaft und brach sämtliche Verbindungen zur Sowjetunion ab. Damit waren alle Türen zugeschlagen, durch die der Hauch von Liberalisierung, der im Heimatland der Sowjets und damit im ganzen sozialistischen Lager zu wehen begonnen hatte, auch nach Albanien hätte dringen können. Einziger Verbündeter dieses so kleinen und rückständigen europäischen Landes blieb vorerst China, das seinerseits auf die verheerende Kulturrevolution zusteuerte.

Albanien, in dem noch nicht einmal der Analphabetismus ganz ausgerottet war, wurde in ihren rasenden Wirbel hineingerissen. Für annähernd zwanzig Jahre verschwanden die Werke von Beethoven und Mozart, Shakespeare und Tschechow von den Theaterbühnen, aus den Bibliotheken und Schulen Albaniens. Auf allen Ebenen des Schulwesens wurden ausschließlich die Schriften von Marx, Engels, Lenin, Stalin, Mao und natürlich ganz besonders die »Werke« Enver Hoxhas zwangsstudiert. Jede andere Literatur, ob klassisch oder modern, wurde für reaktionär erklärt, und selbst die ganz individuelle Kontaktaufnahme mit ihr wurde mit bis zu zehn Jahren Haft bestraft. Zugleich wurde damit aufgehört, Studenten an ausländische Hochschulen zu schicken. In diesem erdrückenden Klima hatte sich das zarte Pflänzlein der albanischen Intelligenz zu entwickeln.

Doch damit immer noch nicht genug.

Enver Hoxha, der seine Ausbildung in den kulturellen Metropolen Europas erfahren hatte, wußte genau, daß Intellektuelle Zeit und Muße brauchen, um ein Bild von der Gesellschaft und der Kunst zu entwickeln. Deshalb wurde ihnen diese Zeit und Muße auf gewalttätige Weise weggenommen, um sie noch weiter zu desorientieren und ihnen Angst vor dem eigenen Denken zu machen. Unter der Parole des »Kampfs gegen den Intellektualismus als gefährlichem Ausdruck der bourgeoisen Ethik« wurde die Intelligenz systematisch dem »unfehlbaren Richterspruch« der Arbeiterklasse unterworfen. Nur die Arbeiter konnten beurteilen, ob ein Intellektueller »der heiligen Sache des Aufbaus des Sozialismus in Albanien« diente. Der Prozeß, in dem die Intellektuellen der Beurteilung durch die Arbeiterkollektive ausgeliefert wurden, war ein widerliches Spektakel, das die Intellektuellen im quälenden Gefühl ihrer Machtlosigkeit zurückließ.

Um es vollends zu verwurzeln, wurde in der Theorie für den Aufbau der »albanischen sozialistischen Gesellschaft« entschieden, daß die Intellektuellen keine eigene Klasse darstellten: »Die Volksintelligenz ist eine Schicht, die aus der Arbeiterklasse und der Genossenschaftsbauernschaft hervorgeht.« Damit sie auf keinen Fall den Kontakt zur eigenen Herkunft verlor, wurde im Grundgesetz die Verpflichtung der Intelligenz verankert, einen Monat im Jahr als Arbeiter in die Produktion zu gehen und einen weiteren Monat unter Waffen militärische Übungen abzuleisten.

Zur Ausbildung seiner eigenen Persönlichkeit bedarf ein Intellektueller der Kommunikation mit der öffentlichen Meinung, und zwar durch Publikationen. Das albanische Verlags- und Vertriebswesen war staatlich und strengstens zentralisiert. Es bestand aus einem Buchverlag, zwei Tageszeitungen und ein paar Periodika. Sowohl der Verlag als auch die Zeitungen wurden vom sogenannten »Pressebüro« des Zentralkomitees peinlich genau kontrolliert, mit dem Ziel, die Intellektuellen mit den Direktiven der Partei gleichzuschalten. Nicht der kleinste Freiraum des Denkens wurde toleriert. Welchen Platz die Intellektuellen für ihn in der Gesellschaft einnahmen, hat Enver Hoxha eindeutig formuliert: »Die Schriftsteller sind die Gehilfen der Partei bei der kommunistischen Erziehung der Massen.«

Die albanische Intelligenz ist die jüngste in Europa. Und einer jungen Intelligenz mangelt es gewöhnlich an der letzten Einsicht in die eigene Verantwortung. Hätte man von dieser Intelligenz in den siebziger Jahren, als in Prag die »Charta 77« herauskam, schon die entsprechende Reife erwarten dürfen? Die erste Universität in Tschechien wurde im 14. Jahrhundert gegründet. Dennoch war sie es, die den Demokratisierungsprozeß in Albanien in Gang brachte. Es ist nicht oft vorgekommen, daß eine Universität wie die in Tirana in nur dreißig Jahren ihrer Existenz den für den komplizierten Prozeß des Sturzes einer Diktatur erforderlichen Geist und Verstand herauszubilden vermag. Das gibt der albanischen Intelligenz das Recht, stolz auf die eigene Geschichte zu sein.

Die albanische Intelligenz ist zudem auch zahlenmäßig die kleinste in Europa. Nicht nur, weil das albanische Volk zu den kleinsten unseres Kontinents gehört. Aus Albaniens Universität gingen jedes Jahr ein paar hundert Absolventen hervor. Die albanische Bevölkerung wurde ständig jünger. Zwei Drittel der Albaner waren unter fünfundzwanzig Jahren. Die Zahl derer, die zum Studium an der Universität zugelassen wurden, war also sehr viel kleiner als die Zahl der Bewerber. Besonders beschränkt war die Zulassung zur literaturwissenschaftlichen, juristischen und politikwissenschaftlichen Fakultät. Das Regime strebte ein Volk von Arbeitern an, das über Wissen nur bis zur Grenze des selbständigen Denkens verfügt. Die Kenntnisse sollten genügen, um den amtlichen Diskurs lesen und fehlerfrei wiedergeben zu können. Es gelang Enver Hoxha, eine doppelgesichtige albanische Intelligenz zu schaffen. Sie war eine »Schicht«, die stets vor den beiden tragenden Klassen der albanischen Gesellschaft zu buckeln hatte: den Arbeitern und der Bauernschaft. Andererseits durfte sie sich angesichts der rigorosen politischen Auswahlkriterien für ein Universitätsstudium als Elite fühlen, ohne dabei zur wirklichen Elite heranzuwachsen, sich ein eigenes Urteil über die politische und gesellschaftliche Orientierung des Landes zu bilden. Außerdem gab es für die Angehörigen dieser »Elite« auch einen gewichtigen moralischen und politischen Grund, der sie am selbständigen Denken hinderte. Als Gegenleistung für das Recht auf ein

Universitätsstudium erwartete man von ihnen »der Partei gegenüber Dankbarkeit«, und zwar vom ersten Schultag bis zum Lebensende. Tatsächlich akzeptierten dies die jungen Leute in ihrer Begeisterung über das erreichte Ziel ohne großes Nachdenken, und in den meisten Fällen schaffte es DIE PARTEI mit ihrer ausgeklügelten propagandistischen Therapie, diese »Dankbarkeit« in blinde Ergebenheit zu verwandeln. Es läßt sich denken, daß eine Intelligenz rein kommunistischen Ursprungs, belastet mit einem Idolatriekomplex und außerdem so klein an Zahl, nur schwer den Mut zur Konfrontation mit der rohen Gewalt aufbringt.

Das Gefühl der eigenen Ohnmacht, das dieser kleinen Schar von Intellektuellen in Fleisch und Blut übergegangen war, wurde zwangsläufig noch verstärkt durch den Eindruck, von der Intelligenz der westeuropäischen Länder im Stich gelassen zu werden. Wenn wir, selten genug, ein westliches Blatt in die Finger bekamen, in dem dann große Sorge über die Peinigung der Intellektuellen in Ländern wie der Tschechoslowakei oder Ungarn kundgetan wurde, mußten wir fast lachen. Aber es war ein bitteres Lachen. Die Freiheiten der tschechoslowakischen Intellektuellen waren für uns ein paradiesischer Traum. Kundera hatte den »Scherz« im eigenen Land verfassen und veröffentlichen können. Ihn bei uns auch nur zu erwähnen brachte zehn Jahre politisches Gefängnis ein. Weil sich fast nie jemand zu Wort meldete, um auf unsere Nöte hinzuweisen, fühlten wir uns schließlich völlig vergessen, wähnten uns im letzten Kreis der Hölle, wohin freie Menschen noch nicht einmal in ihren Vorstellungen zu gelangen vermochten.

Die albanische Intelligenz hatte nur fragmentarische Möglichkeiten, ihren kulturellen Horizont zu erweitern, weitaus weniger als in den anderen kommunistischen Ländern.

Und eine kulturell unzureichend gewappnete Intelligenz, das weiß man, wird zum unorganisierten Kollektiv, der einzelne Intellektuelle zum Zauderer, wo es um dringende Entscheidungen geht. Dennoch schaffte es die albanische Intelligenz in nur wenigen Jahren, sich von diesem Zaudern ebenso freizumachen wie von all ihren anderen gewiß nicht leichten Komplexen. Dies ist ein intellektuelles Heldentum, das sie berechtigt, ohne Minderwertigkeitsgefühle an die Seite der europäischen Intelligenz zu treten.

Die überraschenden Glockentöne des 8. Dezember

A million workers workin' for nothing
You better give them what they really own
We gotta put down
When we come into town
(John Lennon)

Das letzte Weekend der Diktatur

Samstag, 8. Dezember 1990

Nach einem verdrießlichen Morgen auf Parteibüros, wo ich mir zum hundertsten Mal die Rügen wegen meines »schweren Fehlers«, das Interview mit der Stimme Amerikas, anzuhören gehabt hatte, freute ich mich ganz besonders auf die Verabredung mit einer Freundin um acht Uhr abends. Später würden wir uns zusammen erinnern, daß wir auch den Abend des 2. Juli damit verbracht hatten, gemeinsam in der verwaisten Studentenstadt[2] umherzustreunen. Die Studenten hatten eben erst ihre Prüfungen abgelegt und waren in die Ferien abgereist. Wir befanden uns also gerade am anderen Ende der Stadt, als sich im Botschaftsviertel und im Zentrum von Tirana die erstaunlichsten Dinge ereigneten. Der Abend, von dem ich nun berichten möchte, gleicht in meiner Erinnerung einem ungewöhnlichen Traum. Aber keinem Alptraum, obwohl ich damals an einem gewissen Verfolgungswahn litt.

Im Oktober 1989 hatte ich Ramiz Alia einen langen Brief geschrieben, in dem ich mich gegen die Nachstellungen des Sigurimi gegenüber den Intellektuellen verwahrte. Er nahm mir den Brief sehr übel. Ich nutzte Nexhmije Hoxhas Anwesenheit bei einer Versammlung, um Anfang März 1990 das

2 Die Studentenwohnheime auf dem Campus der Universität

Problem erneut anzusprechen. Auch ihre Reaktion war schlimm. Frau Hoxha nahm den Sigurimi in Schutz und warf mir vor, »in den Chor der Weltreaktion einzustimmen, die unseren Sigurimi mit Ceauçescus Securitate vergleicht«. Dieser Vorfall, den auch Ismail Kadare in seinem Buch »Albanischer Frühling« erwähnt, verfehlte nicht sein Echo. Damit es nicht noch stärker wurde und besonders, damit es nicht über die Landesgrenzen hinausdrang, verbot man mir nicht, wenige Tage später einer Einladung nach Frankreich nachzukommen. Vermutlich meinte man, mich durch diese Gnade »ruhigstellen« zu können. Bei meiner Rückkehr begleitete mich ein detaillierter Bericht der albanischen Botschaft an das Zentralkomitee, das Außenministerium und natürlich auch das Innenministerium, in dem darüber informiert wurde, daß ich mich zehn Tage in Paris aufgehalten hatte, ohne auch nur einmal bei unserer Vertretung vorgesprochen zu haben, eine ganze Reihe anderer schwerer Fehler gar nicht zu erwähnen.

Der Vertreter des Zentralkomitees, der mich zurechtzuweisen hatte, begann das Gespräch so:

»Weißt du, daß du der erste Albaner bist, der im Ausland war, ohne sich auch nur einmal bei unserer Vertretung zu melden?«

Dieser »Rekord« machte mich lächeln, doch das Lachen verging mir schnell. Der hohe Parteivertreter und ich kannten und respektierten uns, und er wirkte nicht bedrohlich. Doch auf alle Fälle war er sehr ernst.

»Du hast dich absichtlich unseren Diplomaten entzogen.«

Ich ließ ihn reden. Er beschränkte sich darauf, mir vorzulesen, was der spitzelnde Botschafter Ksenofou Nushi, verschwägert mit der Familie Hoxha, über mich berichtet hatte.

Ich war den Diplomaten aus dem Weg gegangen, weil sie mir die Mittag- und Abendessen mit Journalisten des »Figaro« nicht erlaubt hätten, die doch bekannt waren für ihre zutiefst albanienfeindliche Haltung, was sich besonders an der Veröffentlichung von Interviews mit Leka Zogu[3] gezeigt hatte. Auch hatte ich mich auf der Konferenz des Institus für orientalische Sprachen über die zeitgenössische albanische Literatur ironisch über den Sozialistischen Realismus geäußert, indem ich meinte, seine Prinzipien seien eher den Bürokraten als den Schriftstellern angenehm. Der wachsame Botschafter war auch äußerst unzufrieden mit den Namen der Schriftsteller, die ich auf der Konferenz erwähnt hatte. Mit Ausnahme von Ismail Kadare und Dritëro Agolli gehörten alle anderen zur jüngeren Autorengeneration. Und noch schlimmer, es waren nicht die von den Blättern Gerühmten (sprich: von der Partei Geschätzten). Wer erlaubt denn einer solch ideologisch ungefestigten Person die Ausreise? wunderte sich der Detektiv im Botschafterrock in seinem Bericht, erstaunt und empört über die Auswahl »der Genossen in Tirana«. In Wahrheit wußte er ganz genau, daß die Auswahl nicht von »den Genossen in Tirana« getroffen worden war. Die Einladung war von einigen meiner Freunde bewirkt worden, Pariser Schriftstellern, die meinen Weg aufmerksam verfolgten und »den Genossen in Tirana« einen Wink geben wollten, mich nicht zu sehr zu belästigen. Und »die Genossen in Tirana« waren gut beraten gewesen, sich keinen Hinderungsgrund auszudenken, sondern die ganze Sache ihrem eigenen Konto zuzuschreiben.

Die Besorgnis des Schwagers der augusteischen Familie

3 Sohn von Ahmet Zogu, der bis zur italienischen Invasion als König Zogu I. Albanien regierte.

und Bruders des zu Beginn der siebziger Jahre verstorbenen Gogo Nushi, eines der orthodoxesten Führer der Partei, entsprach ganz der Logik albanischer Diplomatie, denn es gehörte zu ihren wesentlichsten Aufgaben, die wenigen Intellektuellen zu bespitzeln, die Gelegenheit zu Auslandsreisen hatten. Was ich zu hören bekam, beeindruckte mich erst einmal nicht besonders. Ich blieb kühl und verteidigte mich mit ein paar Spitzfindigkeiten, wie wir sie zum Selbstschutz in bedrohlichen Situationen eingeübt hatten.

»In Paris war ich ja im Ausland und hatte kein Geld. Ich kannte mich in der Stadt nicht genug aus, um zur Botschaft zu finden, und ein Taxi oder einen Anruf konnte ich mir nicht leisten. Die Botschaft wußte ja von meinem Kommen, man hätte jemand zum Flughafen schicken müssen.«

Als ich schließlich von dem »Genossen« wegging, hatte ich keine bösen Vorahnungen. Später erzählte ich Ismail Kadare und Neshat Tozaj von dem Vorfall. Sie nahmen ihn ernster als ich. Unabhängig voneinander deuteten sie ihn beide gleich:

»Das sind die ersten Reaktionen des Sigurimi auf deine Attacken im Brief an Ramiz Alia und in der Versammlung mit Nexhmije Hoxha. Vorsicht ist am Platze!«

Das war Anfang April.

In den Monaten bis zum 2. Juli gab es eine ganze Reihe von Zwischenfällen. Am unangenehmsten war die Zurechtweisung durch einen Mitarbeiter Ramiz Alias. Die oberste Führung sei besorgt über meine Forderung nach Rehabilitierung von Sejfulla Malëshova. Ich war völlig verwirrt. Ich konnte mich nicht erinnern, etwas in dieser Richtung gesagt zu haben. Aber doch, ich hatte etwas geäußert, und zwar in einem Restaurant, beim Mittagessen mit zwei meiner Freunde, Elsa Ballauri und Preç Zogaj.

Ich habe diese Episoden erwähnt, um die Gründe für meinen Verfolgungskomplex zu erklären und zu zeigen, weshalb der Abend des 2. Juli Emotionen in mir auslöste, die zu der Tragödie paßten, die sich nur ein paar hundert Meter von uns entfernt abspielte, von der ich und meine Freundin aber keine Ahnung hatten.

Wir hatten unter einem Baum Platz genommen, ohne zu wissen, daß die Tür daneben zu einem der geheimen Stützpunkte des Sigurimi gehörte. Gegen elf Uhr brach dort plötzlich hektische Betriebsamkeit aus. Wir kannten die Autos, die plötzlich wild umherzufahren begannen, und mein erster Gedanke war, daß die Leute vom Sigurimi uns eine Machtdemonstration liefern wollten, ehe sie mich verhafteten. Der finstere, menschenleere Ort weckte in mir noch einen anderen schlimmen Verdacht: daß man einen Unfall vortäuschen wollte. Davor hatte mich Neshat Tozaj nachdrücklich gewarnt. Schreckerfüllt starrte ich auf die Scheinwerfer der ankommenden und wegfahrenden Autos und bemühte mich zugleich mit aller Kraft, meine Angst vor dem Mädchen zu verbergen. Auf keinen Fall wollte ich vor ihr als Feigling dastehen.

Aus schierem Stolz wartete ich noch einige Minuten ab. Das Mädchen merkte, daß meine Stimmung umgeschlagen war. Da sie aber keine Erklärung von mir erhielt und alle ihre Versuche, mich aufzuheitern, nichts nützten, schlug sie schließlich vor, wir sollten gehen. Ich hatte inzwischen begriffen, daß die furchteinflößenden Autos nichts mit mir zu tun hatten. Trotzdem war ich wie gelähmt. Nur eines sah ich: Das es hier nicht um das ging, was ich für mich ganz persönlich befürchtete.

Unsere Wege trennten sich noch vor dem Stadtzentrum, wo ich dann auf eine Masse vor allem junger Leute stieß, die von wild prügelnden Polizisten in Busse getrieben wurden. Noch nie hatte ich in der Hauptstadt so etwas erlebt. Es war schon mutig, in einiger Entfernung anzuhalten und das Schauspiel zu beobachten. Eine Menge Polizisten liefen herum, schubsten und fragten drohend:

»Was willst du? Warum gehst du nicht nach Hause?«

Meine durchaus verständliche Neugier bezahlte ich mit einem Knüppelhieb, der mich benommen machte. Von den wenigen Zuschauern, die sich untereinander mehr mit Blicken als mit Worten verständigten, verstand keiner, was hier los war.

Am nächsten Tag blieb eine Erklärung aus, und auch später gab es keine. Im Gegenteil, all die Mutmaßungen, die in den folgenden Tagen und Monaten angestellt wurden, vernebelten das Geschehene nur immer mehr. »Wenn die Geschichte eines Tages das Rätsel um den 2. Juli 1990 auflösen wird, dann wird dies der Schlüssel zur Erklärung einiger der unerklärlichen Ereignisse in der tragischen Geschichte der Albaner in der zweiten Hälfte des zwanzigsten Jahrhunderts sein«, schreibt Ismail Kadare in »Albanischer Frühling«. Und er fährt fort: »Manchmal denke ich: Gebe Gott, daß ich dann nicht mehr lebe, damit ich es nie erfahren muß.«

Ich hoffe, daß Kadares Gebet nicht das Ohr des Herrn erreicht hat. Als er im Herbst 1990 in Paris diesen Stoßseufzer von sich gab, lag das Land noch in den eisernen Fesseln der Diktatur, die sich so imposant ausnahm, daß der Gedanke, daß sie so bald zusammenbrechen würde, völlig abwegig erschienen wäre. Genau ein Jahr nach dem Ereignis, also am 3. Juli 1991, forderten Exinnenminister Hekuran Isaj in einem Interview mit der Zeitung »Zëri i Rinisë« und der ehemalige Chef der zentralen Strafverfolgungsbehörde, Qvema Lame, in der Zeitung »Rilindja Demokratike« übereinstimmend:

»Präsident Ramiz Alia muß erklären, warum er der Polizei Anweisung gegeben hat, die Menge nicht daran zu hindern, in die Botschaften einzudringen.«

Als ich mich am 8. Dezember 1990 erneut mit meiner Freundin traf, war es immer noch ein politisches Vergehen, laut über das Rätsel nachzudenken, wie schon fünf Monate zuvor. Aber das war nicht der Grund dafür, daß wir nicht darauf zu sprechen kamen. Die Zeit, die inzwischen vergangen war, reichte aus, um das Ereignis im Archiv des Gedächtnisses unter der Rubrik »Unwiederholbares« abzulegen. Das Ganze war fast schon zur Legende erstarrt. Das Leben unter der Diktatur macht, daß Historisches besonders schnell altert und zugleich mystifiziert wird, es nimmt dem Individuum alle Hoffnung, auf den Gang der Geschichte in irgendeiner Weise einwirken zu können. Ganz besonders gilt das für die Diktatur des Proletariats, in der unentwegt und mit allen Mitteln die Machtlosigkeit des Individuums und die Zauberkraft des Kollektivs gepredigt und zugleich Personenkult getrieben wird, wie in keinem anderen System. Aber auch dieses Paradoxon war nicht der Grund dafür, daß wir an diesem Abend nicht an die Ereignisse im Sommer dachten. Wir sprachen über die Probleme, die ich damals hatte, und über John Lennon. Im Kunstinstitut hatte eine Gruppe von Studenten aus Anlaß seines zehnten Todestages einen Gedenkabend organisiert. Meine Freundin kam gerade von dieser Veranstaltung. Wir freuten uns beide, daß es den Studenten gestattet worden war, öffentlich über John Lennon zu reden und seine Platten zu hören. War das ein Hinweis darauf, daß sich das Regime nicht mehr so stark fühlte? Die Illusion, es werde aus eigenem Antrieb eine Liberalisierung einleiten, hatten wir nicht.

Angesichts des Erdbebens, daß nur wenige Stunden später

in der Studentenstadt ausbrach, erscheint diese Frage geradezu lächerlich. Es wäre mir nicht recht, darin einen Ausdruck der Unfähigkeit der albanischen Intellektuellen zu sehen, den Gang der Ereignisse vorauszuschauen. Gerade in den vorangegangenen Jahren, als sich in sämtlichen Ländern des Ostens radikale Umwälzungen vollzogen, hatten wir, die einzig Übriggebliebenen, so gut wie alle Hoffnung verloren. Wie gesagt, unter der Diktatur altert Geschichte anders, das Gestern bleibt zurück und ist bald in der Ferne verschwunden, und das Morgen erscheint für immer unerreichbar. Die Menschen leben im endlosen Zustand der Erwartung, einer gleichförmigen, monotonen, leeren Erwartung. Was man sich wünscht, verliert allmählich seine konkrete Form. Diese Lähmung wurde am deutlichsten im alltäglichen Dialog der Leute. Er begann und endete nicht selten mit Frage und Antwort:

»Was gibt es?«

»Nichts!«

Oder:

»Was machst du so?«

Schulterzucken.

»Nichts« also. Das bedeutet Tod. Schleichenden Tod. Gehirntod. Drei Generationen waren in der EPOCHE DES SOZIALISMUS geboren und groß geworden. Ich meine drei Generationen, die inzwischen selbst für ihr Schicksal verantwortlich, selbst schon Eltern waren. Ihre Gehirne waren ausschließlich mit »der ruhmreichen Geschichte der PAA und den unfehlbaren Lehren des Genossen Enver Hoxha« zwangsernährt worden.

»Was gibt es?« fragte auch ich Sali Berisha, als wir uns am Sonntag, dem 9. Dezember, zehn Uhr, verabredungsgemäß mit dem Filmemacher Kujtim Çashku trafen, um in der Bar des Hotels »Tirana« zusammen einen Kaffee zu trinken.

»Nichts«, antwortete er. »Was soll es schon geben?!« Und er zuckte die breiten, etwas gebeugten Schultern, als müsse er sich über meine Frage wundern. Ich hatte ja auch nur so gefragt.

Wir wußten es zwar noch nicht, aber mit diesem bösen, routinemäßigen »Nichts« war es bereits vorbei, ein für allemal. Es würde kein »Nichts« mehr geben.

Wir waren gerade dabei, unseren Kaffee auszutrinken, als ungefragt ein Bekannter an unserem Tisch Platz nahm, ein Offizier des Sigurimi, der gerne Umgang mit einigermaßen namhaften Intellektuellen und Künstlern pflegte, aus welchen Gründen auch immer: um uns besser überwachen zu können, um damit zu renommieren oder einfach, weil es ihm Spaß machte.

»Habt ihr schon gehört?!« fragte er. Und fuhr mit gedämpfter Stimme fort: »Das ist ja hoch hergegangen gestern in der Studentenstadt.«

Ich bemerkte, daß auch meine Freunde ihm einen Blick zuwarfen, in dem sich Ungläubigkeit und unterdrückte Neugier mischten. Wir kannten ihn und wußten, daß er es nicht lange hinter dem Berg halten würde. Es war gar nicht nötig, in ihn zu dringen.

»Gestern abend haben die Studenten eine gräßliche Demonstration veranstaltet. Habt ihr denn noch nicht davon gehört?!«

»Was erzählst du denn da für Blödsinn?« erwiderte ich in vollem Ernst. Schließlich war ich selbst bis um elf Uhr draußen gewesen.

»Selber Blödsinn«, gab er heftig zurück. Dann verfiel er wieder in seinen Flüsterton. »Um ein Uhr nachts sind sie mit Ramiz Alia zusammengetroffen ... Wißt ihr, was das heißt?«

Die Studenten waren wirklich mit Ramiz Alia zusammengekommen, nachdem Xhelil Gjoni, Sekretär des Zentralkomitees, der Innenminister Hekuran Isaj und der Tiranaer Parteisekretär Piro Kondi es weder mit frommen Empfehlungen noch mit Polizeiknüppeln geschafft hatten, sie zur Ruhe zu bringen.

»Und nach dem Treffen haben sie Ruhe gegeben? Heißt das, sie haben aufgehört zu demonstrieren?« ließ sich erstmals Dr. Berisha vernehmen.

Seine Frage hinterließ bei uns zunächst keine Wirkung, zumal sein sonores Organ fast gleichgültig klang.

Später erst begriff ich, welch schwere Befürchtung sich hinter dieser Frage verbarg. Was, wenn Ramiz Alia es geschafft hatte, die Studenten zum Rückzug zu bewegen? Die Intellektuellen kannten seine Tricks. Die Studenten dagegen hatten keine Erfahrung im Dialog mit den obersten Zirkeln der Staatsmacht. Vor allem nicht unter dieser Anspannung. Vergleichbares hatte es in den letzten fünfundvierzig Jahren unserer Geschichte nicht gegeben.

»Nein«, antwortete der andere, ohne groß nachzudenken. »Kein Mensch kann sie beschwichtigen. Sie demonstrieren immer noch. Sie wollen um jeden Preis ins Zentrum von Tirana herunterziehen. Ich weiß nicht, wo sie ihren Verstand gelassen haben.«

Dann wandte er sich an mich:

»Ihr Anführer ist ein Bengel aus Tropoja. Du müßtest ihn eigentlich kennen.«

»Wie heißt er denn?« fragte ich ehrlich interessiert.

»Sie haben mir den Namen gesagt, aber ich habe ihn leider nicht behalten.«

»Über was haben sie mit Ramiz Alia diskutiert?« fragte Dr. Berisha weiter. Sein Ton war immer noch gesucht gleichgültig.

»Sie haben eine Verbesserung der Lebensbedingungen in der Studentenstadt verlangt. Aber sie haben auch politische Forderungen.«

Was für politische Forderungen die Studenten hatten, wußte er nicht oder wollte er nicht sagen. Wir drangen auch nicht weiter in ihn. Wir hatten genug gehört. Das war kein gewöhnlicher Ausdruck jugendlicher Frustration mehr. Oder besser, wir begriffen, daß sich etwas geändert hatte seit den Frühjahrsprotesten, als eine gar nicht so kleine Gruppe von Studenten in einer kurzlebigen Aufwallung singend und jubelnd zwischen den Wohnheimen umhergezogen war, sie es aber weder verstanden noch gewagt hatten, Feuer an die Lunte zu legen. Es gab auch einen grundlegenden Unterschied zu den Protesten, deren Adressat Ministerpräsidet Çarçani gewesen war. Sie hatten begonnen mit einem Flugblatt, das in einigen der belebtesten Straßen Tiranas angeklebt worden war, und damit geendet, daß er sich vor vier oder fünf Tagen genötigt gesehen hatte, selbst bei den Studenten zu erscheinen, um sich anzuhören, was sie zu sagen hatten. Q. Sakajeva, damals Chefredakteur von »Bashkimi«, der sich bald darauf zu uns an den Tisch gesellte, wußte weitere Einzelheiten zu berichten. Als wir wieder alleine waren, beschlossen wir, uns auf den Weg zu den Studenten zu machen. Es war zehn Uhr dreißig, ein sonniger Wintervormittag, wie er in den Anfangsversen eines unserer schönsten Epen besungen wird: »So hell ist diese Sonne und spendet doch so wenig Wärme.«

An der Demonstration waren vor allem Studenten der Fakultäten für Geologie und Bergbau sowie Maschinenbau beteiligt. Aber es gab auch Teilnehmer von anderen Fakultäten. Sie waren bereits unterwegs zum Skanderbegplatz. Am stärksten vertreten waren also die Bereiche, wo die Jungen in der Mehrzahl waren. Aber auch Mädchen hatten sich eingereiht. Die Polizei hatte sie kaum fünfhundert Meter von ihrem Campus, in der Rruga Labinoti, gestoppt. Die Spitze des Zuges befand sich beim Lenin-Stalin-Museum, das Ende auf Höhe der italienischen Botschaft und der Residenz des französischen Botschafters. Waren wenigstens die einzigen westlichen Diplomaten in Tirana herausgekommen, um zu filmen oder doch zu fotographieren? Von der Präsenz albanischer Kameraleute oder Fotoreporter konnte gar nicht die Rede sein. Man hätte dieses Ereignis irgendwo festhalten müssen. Leider weiß ich von keinem solchen Dokument, so wertvoll es auch wäre. Es müßten noch die geheimen Filme der Polizei existieren, falls man diese nicht beseitigt hat, als im Innenministerium die Schubladen »aufgeräumt« wurden, ehe die demokratischen Kräfte die Macht übernahmen.

Nach der Konfrontation am Vorabend mit der Universitätsführung und höchsten Vertretern von Partei und Staat akzeptierten die Studenten nun ein Gespräch mit dem Medizinprofessor Sali Berisha, dem Professor Gramoz Pashko von der wirtschaftswissenschaftlichen Fakultät und dem Schriftsteller Besnik Mustafaj. Und warteten auf ein weiteres Treffen mit Ramiz Alia, daß sie verlangt hatten und das ihnen versprochen worden war, wenn auch an einige unerfüllbare Vorbedingungen geknüpft, wie das so seine Art war. Die Studenten wollten sich nicht darauf einlassen, wieder nur eine Delegation zu schicken. Sie befürchteten, daß er zehn oder fünfzehn Personen leicht über den Tisch ziehen würde. Sie bestanden darauf, daß er auf den Platz zwischen den Wohnheimen käme, so daß jeder, der wollte, teilnehmen konnte. Wie es bei einer solchen Massenversammlung überhaupt zu einem konkreten Meinungsaustausch kommen sollte, wußten sie auch nicht, aber sie rückten von ihrem Ansinnen dennoch nicht ab. Sie hatten begriffen, daß es dem »Präsidenten« nur darum ging, ihnen die politischen Forderungen auszureden. Vor fünf- oder zehntausend Studenten war dieses infame Ziel nicht so leicht zu erreichen. Eigentlich waren sie dafür gewesen, sich an die Intelligenz von Tirana zu wenden, hatten aber weder die Zeit noch die Mittel gehabt, einen Aufruf zu verteilen. Die Polizei unternahm alles, um sie zu isolieren. Das Areal, in dem sie demonstrierten, einschließlich der Studentenstadt, war abgeriegelt. Berisha, Çashku und mir gelang es nur unter großer Mühe, den starken Polizei- und Militärkordon zu passieren. Nur Panzer fehlten.

Während wir umherirrten, um eine Lücke zu suchen, konnte ich feststellen, daß die Mienen der »Ordnungshüter« eher ratlos als besorgt waren. Das war verständlich. Dieser Gesichtsausdruck paßte ins Bild. Nicht nur sie, niemand in Tirana oder in ganz Albanien war darauf eingerichtet, daß mitten in der Stadt, umzingelt von Polizei, eine Menge plötzlich skandierte: »Nieder mit der Diktatur!«, »Enver – Hitler!« oder »Wir wollen Demokratie!« Rufe wie diese waren bei den Menschenaufläufen vor den Botschaften nicht laut geworden, sie waren schweigend und chaotisch vonstatten gegangen. In der angstvollen Hast, mit der jeder in der Hoffnung auf Rettung so schnell wie möglich die Einfriedung einer Botschaft zu überwinden trachtete, bildeten die vielen tausend Menschen nicht wirklich eine rebellische Menge, sosehr ihr Handeln auch Ausdruck unversöhnlicher Ablehnung des Regimes war. Wenn nun die Studenten ihre Unversöhnlichkeit der Diktatur gegenüber bekundeten, war dies etwas völlig anderes. Es war das Notwendige. Es war ein Grundstein. O Gott, gib ihnen den Mut, das Wunder, das sie begonnen haben, zu Ende zu führen.

Die Ratlosigkeit in den Blicken der »Ordnungshüter« nahm von Moment zu Moment zu. Sie hatten sicherlich nicht damit gerechnet, daß sich das Ganze so lange hinziehen würde. Von Regungen der Angst waren sie, glaube ich, weit entfernt. Die fünfzigjährigen Erfahrungen der »Volkspolizei« im Dienste der Diktatur ließen Zweifel an der eigenen Fähigkeit, »den Randalierern das Maul zu stopfen, wie sie es verdienen«, erst gar nicht aufkommen. Allenfalls nahm ihre Verdrossenheit über die Vorgesetzten, die sich »übertrieben langmütig« zeigten und mit dem Befehl zum Dazwischengehen auf sich warten ließen, in diesen Minuten zu.

Nach einer halben Stunde bangen Bemühens gelangten wir drei zum Brennpunkt des Geschehens. Der Anblick war unglaublich.

»Wie schön sie jetzt sind«, sprach Çashku als erster.

Unter anderen Umständen wäre mir seine Bemerkung vielleicht lächerlich erschienen, doch nicht in diesem Augenblick. Diese gerade einmal tausend Jungen und Mädchen, die alle aus der Provinz stammten, die schlecht und für die Jahreszeit viel zu leicht gekleidet waren und deren blasse Gesichter von mangelhafter Ernährung von Geburt an zeugten, boten plötzlich ein Bild ungewöhnlicher Anmut. Solche Schönheit wird in der alten albanischen Epik den Helden bescheinigt, die ausziehen, um den Tod im Kampf zu suchen.

War diese Schar zerbrechlicher Jungen und Mädchen ausgezogen, um den Tod zu suchen?

Nein, das durfte nicht sein!

Sie hatten sich aufgemacht, um die eigene Wiedergeburt, die Wiedergeburt Albaniens zu verwirklichen. Sie taten das, was so viele Jahre lang für unmöglich gehalten worden war. Niemand durfte bei ihrem Anblick an Tod denken. Mit ihrem Zug erweckten sie die fast schon erloschene Hoffnung auf ein menschenwürdiges Leben für sie selbst, ihre Brüder, Schwestern und Eltern, für alle, Tote und Lebendige und noch nicht Geborene, zu neuem Leben. Endlich. Und auf ewig.

Dennoch, die ersten Worte, mit denen der Student der politischen Wissenschaften Azem Hajdari, der Hauptinitiator der Kundgebungen, die seit dem Vorabend andauerten, und waghalsigste Anführer der Studenten, sich an Dr. Berisha und mich wandte, als wir uns wenig später, nach der gewaltsamen Auflösung der Demonstration, in der Rruga Labinoti begegneten, waren:

»Ich habe mit dieser Sache angefangen, um zu sterben, nicht um auf halbem Weg umzukehren.«

»Was soll das, um zu sterben, mein Freund?«

»Man stirbt nicht um des Sterbens willen«, sprach Dr. Berisha aus, was mir auf der Zunge lag.

Ein paar Monate später unterhielt ich mich in Paris, in einem Café auf dem Boulevard Saint-Germain, mit Ismail Kadare. Er meinte, es gebe wohl kaum ein fatalistischeres Volk als das albanische. Ich mußte an meine Empfindungen in diesen kritischen Momenten in der Studentenstadt denken. Die Beschwörung des Todes übte eine magische Wirkung auf diese Zwanzigjährigen aus und machte sie standhaft, obwohl sie vom Tod gewiß nichts wußten.

»Wir alle sterben lieber, als daß wir uns hereinlegen lassen. Und ich sterbe als erster.«

Mit diesen Worten beschwichtigte Azem Hajdari an diesem Sonntag abend um sieben Uhr die Menge von annähernd fünftausend Studenten. Alles stand auf der Kippe. Nach dem Mißerfolg am Morgen hatten die Studenten beschlossen, jetzt am Abend um jeden Preis hinab auf den Skanderbegplatz zu ziehen. Dr. Berisha und ich rieten ab. In einem Kellerraum der Mensa in der Studentenstadt schafften wir es, Azem zu überzeugen. Aber er hatte es schwer, auch seine Freunde zu überzeugen. Die Menge fing sofort zu pfeifen an. Berisha und ich saßen in einer Ecke und verfolgten beklommen das Geschehen.

»Es geht nicht«, wiederholte Azem mit einer Stimme, die schon heiser wurde.

Wieder brach das Gepfeife los. Dann ein Ruf, in den Dutzende einstimmten:

»Du hast uns verraten. Die beiden da (wir waren gemeint) hat Ramiz Alia geschickt, um uns zu betrügen.«

O Gott! Wieder die Angst vor Ramiz Alias Winkelzügen! Leichter war mit ein paar Bataillonen Polizei fertig zu werden als mit dem schlechten Ruf des Staatspräsidenten. Was für eine Schande für diesen Staat!

»Nein ...«, versuchte Azem zu widersprechen. Es war sinnlos. Die gleichen jungen Leute, die mit ihm ohne Zögern unter Polizeiknüppel gegangen waren, ließen ihn nun nicht zu Wort kommen.

Um Vertrauen, das unter Mühe und Gefahr gewachsen ist, ist es in Augenblicken wie diesem im Nu geschehen. Menschen lassen sich mehr durch Gefühle und Leidenschaften leiten als durch logisches Denken.

»Wieso haben sie ihm nicht wenigstens ein Megaphon besorgt?« fragte ich Dr. Berisha leise.

Er antwortete nicht. Auch ich hatte nur etwas gesagt, um meine Angst loszuwerden.

Es dauerte eine Weile, bis wieder ein wenig Ruhe einkehrte und Azem weiterreden konnte. Wieder sprach er vom Tod. Diesmal bot er als Pfand seiner Vertrauenswürdigkeit nicht nur das eigene, sondern auch das Leben seiner beiden kleinen Kinder an. Der ohrenbetäubende Lärm verstummte schlagartig, und er konnte fertigreden. Beim Zuhören überlegte ich, ob Azem und auch seine Freunde wirklich wußten, was sie meinten, wenn sie vom Tod sprachen. Bei der Unterhaltung mit Dr. Berisha hatte er etwas konfus gewirkt. Würde er ruhig und besonnen genug sein, um gegenüber den alten Wölfen der Staatsmacht die Forderungen der Studentenbewegung zu vertreten? Das war die Frage. Den Mut dazu hatte er ganz offensichtlich. Die Forderungen, die aus den Losungen der Demonstranten entwickelt worden waren, mußten noch um eine weitere, die wichtigste ergänzt werden: den Parteienpluralismus.

Berisha stieß einen Seufzer der Erleichterung aus. In seiner leidenschaftlichen Art schrie er fast:

»Wunderbar! Das ist der Sieg!«

Andere Intellektuelle hatten noch nicht den Weg zu den Studenten gefunden, und ich selbst, der ich da war, war durchaus nicht so davon überzeugt wie Berisha, daß der endgültige Sieg bereits erreicht sei. An diesem Abend war Sali Berisha wahrscheinlich der einzige Mensch in Albanien, in dessen Kopf die Zukunft schon Kontur angenommen hatte. Er drängte mich dann auch, wieder zu den Studenten zu gehen. Das war gegen fünf Uhr abends.

Die Stunden seit elf Uhr vormittags waren die anstrengendsten meines Lebens gewesen.

Während der Demonstration hatten wir hinter dem Polizeikordon Position bezogen. Außer uns gab es noch zehn oder fünfzehn andere, die es bis hierher geschafft hatten oder zufällig schon da gewesen waren. Azem Hajdari, der sich an der Spitze des Zuges befand, erkannte uns und winkte uns zu. Er lachte über das ganze Gesicht, als sei ein Festtag. Berisha kannte ihn nicht persönlich, obwohl wir aus der gleichen Gegend stammen. In unserer Geburtsstadt wohnen rund siebentausend Menschen. Als wir klein waren, gab es noch nicht mehr als dreitausend Einwohner, und alle Kinder gingen in die gleiche Schule und spielten zusammen auf dem Platz. Unsere Eltern hatten gutnachbarlichen Umgang miteinander. An diesem Tag zahlte sich aus, daß Azem und ich uns von früher kannten, denn es brachte uns Vertrauen bei den studentischen Organisatoren der Kundgebungen.

Ich selbst konnte mich einmal wirklich nützlich machen, als nämlich die Polizei mit Gummiknüppeln auf die Studenten losging. Ich merkte, daß Berisha die Beherrschung verlor. Wäre ich nicht da gewesen, um ihn zurückzuhalten, hätte es gefährlich werden können. Er fing an zu schreien:

»Was macht ihr da?! Bestien, Verbrecher!«

Und schon wollte er sich ins Getümmel stürzen. Ich hatte ihn mit beiden Händen am Oberarm gepackt. Sein massiger Leib ließ sich kaum halten. Fast hätte er mich mitgeschleppt.

»So hör endlich auf«, fuhr ich ihn an. »Die Studenten haben kein Interesse daran, daß du auch noch verprügelt wirst. Sie erwarten von dir etwas anderes.«

Er beruhigte sich wieder etwas.

Da stürzte eine Frau auf mich los. Offenbar kannte sie den Doktor und meinte, sein Eingreifen werde dazu führen, daß die Polizisten sich etwas zurückhielten. Auch auf ihrem Gesicht lag blankes Entsetzen.

»Laß ihn los«, schrie sie mich wie wild an, »laß ihn los! Wer hat dir gesagt, daß du ihn festhalten sollst? Laß ihn los! Er weiß schon selber, was er zu tun hat.«

Alle Erklärungen wären sinnlos gewesen. Wir befanden uns inmitten eines Rudels von Polizisten, Soldaten und Kadetten der Militärakademie, die man zur Verstärkung herbeigekarrt hatte. Die Rruga Labinoti zwischen der Kunstschule und dem Lenin-Stalin-Museum war zu eng für diese Masse

Menschen. Wir waren ständig in Bewegung, damit uns nichts entging. Zum ersten Mal bekam ich so massiv aufgerüstete albanische Polizisten zu Gesicht. Mit ihren Helmen, Gesichtsmasken und Brustpanzern sahen sie absolut furchterregend aus. Mit wieviel Wunderbarem und auch Schrecklichem war ich an diesem Tag zum ersten Mal konfrontiert! Die Soldaten und die Kadetten der Militärschulen hatten keine Schutzausrüstung, und statt mit Gummiknüppeln waren sie mit Pionierspaten ausgerüstet. Auch vor den Botschaften waren viele so »bewaffnete« Soldaten, Polizisten und Kadetten zu sehen gewesen.

Erst als ein Haufen Polizisten einen blutüberströmten Studenten wie einen Sack Stroh auf einen Lastwagen warf, bemerkte ich, daß ich weinte. Ich weiß nicht, wie lange mir die Tränen bereits über das Gesicht liefen und sich am Kinn sammelten. Und immer noch hielt ich Berisha am Oberarm gepackt. Doch nun weniger, um ihn daran zu hindern, Streit mit den Polizisten anzufangen. Ich stützte mich auf ihn. Die Zeit verrann schrecklich langsam. Sie war fast stehengeblieben.

Sie war fast stehengeblieben für uns beide, die wir dazu verdammt waren, diesem unmenschlichen Schauspiel zuzuschauen. Eigentlich wäre unser Platz einige Meter weiter inmitten der Demonstranten gewesen. Doch wir waren zu spät gekommen. Glücklicherweise nicht so spät, daß wir uns Feiglinge schimpfen lassen müßten.

Die Zeit war stehengeblieben für die Studenten. Sie schafften nicht, was sie sich vorgenommen hatten: mit Jubelrufen auf die Demokratie auf dem Skanderbegplatz einzuziehen. Sie hatten es sich so großartig ausgemalt. Sonntag war es, und noch besser, ein sonniger Wintersonntag (so hell ist die Sonne und wärmt so wenig). Wie es üblich ist in unserer Hauptstadt, war der Platz voll von spazierenden Menschen. Der Protest wäre nicht mehr auf die Studentenstadt begrenzt gewesen. Das war auch der Polizei bewußt, die ihnen deshalb den Weg abgeschnitten hatte. Nun war die Zeit für die Studenten ins Stocken geraten, wie für jeden, der in einer Falle sitzt.

Auch für die Polizisten war die Zeit stehengeblieben. Besonders für die der berüchtigten Abteilung 326, die man SAMPISTEN nannte. Es juckte ihnen in den Fingern. Als ich an diesem Tag sah, wie sie dem Befehl zum »Handeln« entgegenfieberten, war ich bereit zu glauben, was ich schon öfter gehört hatte: das man ihnen starke Aufputschmittel gab. Jede Geste, selbst wenn sie einander Zigaretten anboten, drückte rücksichtslose Aggressivität aus. Für die Polizisten und das Rudel Parteiinstrukteure, die sich mit verkniffenen Mienen überall herumdrückten, war die Zeit in einem anderen Sinn stehengeblieben. In ihrer Uhr tickte noch die Feder, die Enver Hoxha aufgezogen hatte.

Stehengeblieben war die Zeit auch für die Soldaten und die Kadetten der Militärschulen. In ihrer Ohnmacht, sich offen den gebrüllten Anweisungen ihrer Vorgesetzten zu widersetzen, daß sie endlich die Pionierspaten aus den Gürteln ziehen (Schlachterbeile, wie sie Dr. Berisha in einem Gespräch mit Ramiz Alia nannte) und sich den Polizisten anschließen sollten, verkroch sich der eine hinter dem anderen, um ja nicht der erste sein zu müssen. Den Blick hielten sie gesenkt, als wollten sie voreinander die Scham über das unwürdige Gemetzel verbergen, in das man sie treiben wollte. Ihre Zeit war an einem unbestimmten Punkt stehengeblieben. Sie befanden sich in banger Ungewißheit, wohin sie gehörten. Ihre Herkunft: Sie kamen aus den gleichen Städten und Dörfern in ganz Albanien wie die Demonstranten, und viele von ihnen hatten Brüder, Schwestern oder Jugendfreunde unter ihnen. Alles zog sie also an die Seite der Studenten. Doch hatte man ihnen beigebracht, die Ehre ihrer Uniform verlange, daß sie erbarmungslos vorgingen gegen ... Ach, wie schwer das war! Einige Tage später war zu erfahren, daß eine Kadettenklasse der Militärakademie »Enver Hoxha«, etwa dreißig Jungen, sich geweigert hatten, in die »Schlacht« gegen ihre Kameraden von der ebenfalls nach Enver Hoxha benannten Universität zu ziehen. Schon einen Tag später wurden sie auf ausdrücklichen Befehl von Kiço Mustaqi, Verteidigungsminister und Mitglied des Politbüros, von der Akademie verwiesen. Sie hatten »die Interessen des Vaterlands verraten«.

Die albanische Zeit war stehengeblieben.

Aber sie war nicht tot. Getötet, nein. Aber schwer verwundet. Vielfach verwundet, und die Schmerzen bekam auf tausend verschiedene Weisen die ganze albanische Gesellschaft zu spüren. Es waren Geburtsschmerzen und Todesqualen zugleich, je nachdem, zu welchem der beiden unversöhnlichen Lager in dieser Gesellschaft man gehörte.

Würde Blut fließen?

Diese Frage stieg plötzlich aus der tiefsten Seele des Volkes auf. Einige, die wußten, daß das Schleifen der »Festung« sie selber betreffen würde, schrien lauthals: Ja! Die Macht haben wir mit Blut errungen, und mit Blut werden wir sie verteidigen. Am Dienstag, dem 11. Dezember 1990, forderte Haxhi Lleshi, sogenannter Präsident der Republik für mehr als dreißig Jahre, im Namen vieler seiner Kriegskameraden, aber auch einer ganzen Reihe junger Kader, Arbeitern, die in die Führung aufgestiegen waren und Geschmack gefunden hatten am Leben an der Spitze der Pyramide, auf der außerordentlichen Plenarsitzung ihres Zentralkomitees, wieder zu den Waffen zu greifen wie einst gegen die Faschisten.

Auf gar keinen Fall darf Blut fließen! schworen die anderen. Aus tausend Gründen kein Blut. Es sind unsere Kinder. Es ist unser Blut. Es darf in Albanien kein Tienanmen geben. Wir sind doch in Europa. Wir haben genug von asiatischer Gewalt! Beweisen wir, daß wir ein zivilisiertes Volk sind. Die Armee gehört zu uns. Die Polizisten sind unsere Brüder! rief Azem Hajdari, unterstützt von einem Chor aus Hunderten von Kehlen, unter den Hieben der Gummiknüppel. Die Soldaten sind unsere Brüder! Die Polizei gehört zu uns! Währenddessen tanzten die Knüppel auf ihren jungen Köpfen.

Ohne Blut geht es nicht ab. Sie haben die Polizei und die Armee. Sie wollen Blut, und wir antworten mit Blut. Soll unser Blut in die Fundamente der Demokratie einfließen, wenn nur ihrer blutigen Herrschaft ein Ende gesetzt wird, riefen viele andere, die fürchteten, Albanien werde auch diese Chance vertun. Wer weiß, ob sie je wiederkehrt! Die albanische Geschichte hat sich stets in merkwürdigen Fünfzig- und Fünfhundertjahrzyklen vollzogen. Welch entsetzlicher Gedanke! Wer erträgt noch weitere fünfhundert Jahre Diktatur?! Es reicht, oder nicht?!

War für Albaniens Kinder die Zeit schon reif dafür, daß sie ohne Blutvergießen zu Helden werden konnten? Wenn ja, dann bedeutete dies, daß das Land endlich doch in eine neue Ära echter Zivilisation eingetreten war. Wenn ... Ein Jahr später, am 17. November 1991, veröffentlichte Neshat Tozaj in der Zeitung »Tirana« Auszüge aus einem streng geheimen Papier, ohne Auskunft darüber zu geben, wer es ihm zugespielt hatte. Nach Tozaj trägt das Dokument das Aktenzeichen 393 vom 5. April 1990 und die Überschrift: »Methodische Anweisung für die von den Organen des Innern zu ergreifenden operativ militärischen Maßnahmen zur Auflösung von Demonstrationen«. Der vom damaligen Innenminister Simon Stefani unterzeichnete Text wurde mit einem Begleitschreiben der Polizeidirektion des Innenministeriums verteilt, in dem es heißt: »Das Material ist streng geheim und darf nur von den Kadern des betreffenden Organs, von den Leitern der Behörde durchgearbeitet werden. Je nach den Besonderheiten der Dienste im betreffenden Kreis sind die erforderlichen Maßnahmen zu planen. Die Truppen sind zu trainieren, ohne den Zweck der Übung erkennbar werden zu lassen. Vom Zeitpunkt des Trainings ist die Polizeidirektion zu unterrichten.« Am 1. 11. 1990 verfügte sein Amtsnachfolger Hekuran Isaj durch seine Unterschrift, daß »diese Anweisung dem speziellen Ausbildungsprogramm der albanischen Polizei auch für das Jahr 1991 zugrunde gelegt« wurde. Ich gebe die Auszüge aus dem Papier nach Tozajs Artikel wieder.

Einzusetzende Truppen und Mittel:

Truppen des Organs: 2 *Kompanien Sampisten der Abteilung 326,* 2 *Kompanien der Polizeischule, Knüppel, Helme, Panzer, kugelsichere Westen, Granatengewehre, chemische Munition, Scharfschützengewehre (2), Polizei-Shotguns (4), Begleitfahrzeuge für Straßensperren, Fotoapparate (4), Kameras (2).*
Die Unruhen in Tirana werden von den Belgrader Revisionisten angeheizt.
Von unserer Seite:
– Zugeschlagen werden muß gegen alle, die Tendenzen zur Organisation von Demonstrationen zeigen.

– Die Parolen rufen wie »Freiheit, Demokratie«, »Nieder mit Y, wir wollen Z«.
Von den Ordnungsorganen ergeht Alarm an das ganze Effektiv, informiert wird das Innenministerium, das Parteikomitee, das Exekutivkomitee. In solchen Situationen wird das Innenministerium (sein ganzer Apparat) in Kampfbereitschaft der Stufe 1 versetzt.
– In Tirana erfolgt die rasche Bewegung mit Autos zur Abriegelung in folgenden Richtungen: Universität Tirana, Parteikomitee, Exekutivkomitee. Diese werden unter Bewachung gestellt.
– An die Demonstranten ergeht der Aufruf: »Das sozialistische Vaterland in Gefahr. Eine Gruppe von Feinden will die Volksmacht stürzen und den Balli Kombëtar[4]*, die Legalität*[5] *und andere konterrevolutionäre Organisationen an die Macht bringen. Wir fordern die ehrlichen Menschen auf, sich in Richtung ... aus der Menge zu entfernen. Zeit, sich zu entfernen: 10 Minuten. Widrigenfalls haben die Ordnungskräfte Anweisung, alle zur Verfügung stehenden Mittel einzusetzen.«*
– Die Aktionen der Demonstranten werden gefilmt.
Zwei Kompanien der Abteilung 326 nähern sich der Menge, angegriffen wird aus zwei Richtungen.
– Ergriffen und abgeführt werden Organisatoren und Aufwiegler, eingesetzt werden Gummiknüppel, Elektroschockgeräte, Gas, Lähmungsmittel, Giftstoffe, die von der Terrasse des Exekutivkomitees aus verschossen werden.

4 Partei des rechten Lagers, nach der kommunistischen Machtergreifung verboten, nach 1990 wiedergegründet.
5 Royalistische Partei, nach der kommunistischen Machtergreifung verboten, nach 1990 wiedergegründet.

– Jede Stunde wird dem Ministerium für innere Angelegenheiten Information über die Lage gegeben.
Es wird angeordnet:
– Die Maßnahmen zum Schutz der Denkmäler und Büsten der Klassiker des Marxismus-Leninismus und der Partei- und Staatsführer sind zu verstärken. Die Organe der inneren Angelegenheiten haben zu jeder Zeit die Mittel und Waffen bereitzuhalten, die nötig sind, auch mit der schwierigsten Situation fertig zu werden.
– Die Aktionen der Polizei erfolgen stets organisiert und zielgerichtet:
Die Teilnehmer an der Operation sind charakterisiert durch hohe Disziplin, Kaltblütigkeit, Mut, Tapferkeit und Besonnenheit gegenüber extremistischen Provokationen und Verhaltensweisen.
Die Zusammenrottungen werden an den schwächsten Punkten angegriffen, vor allem von den Seiten und vom Rücken her.

Obwohl von dieser kriminellen »Anweisung« noch nichts bekannt war, hatten wir doch keinen großen Grund, darauf zu hoffen, daß dieser Orkan ohne Blutvergießen abgehen würde. Vor unseren Augen prügelten Polizisten wie verrückt auf Menschen ein. Wie mir später jemand erzählte, hatten sie Anweisung, die Kundgebungsteilnehmer nicht auf den Kopf zu schlagen. Trotzdem gab es aufgeplatzte Augenbrauen und Lippen und blaue Augen. Vier Personen mußten ins Krankenhaus eingeliefert werden, darunter auch ein Mädchen. Viele der Verhafteten waren verletzt. Dutzende anderer versteckten sich trotz ihrer Verletzungen. Blutverschmiert sind sie noch schöner, hätte Çashku wahrscheinlich gesagt, wäre er dabei gewesen. Wir hatten ihn aus den Augen verloren, so wie die Studenten uns. Die Verfolger auf den Fersen, waren sie in alle Richtungen auseinandergelaufen. Viele von ihnen hatten in den umliegenden Häusern Zuflucht gesucht. O Gott! Das Volk verlor die Angst. Die Leute wagten es, den vor der Polizei Flüchtenden die Türen zu öffnen. Das war ein schweres politisches Verbrechen. Nach dem geltenden Strafrecht standen darauf fünfzehn Jahre Gefängnis. Wenn die Angst verlorengeht, ist das ein sicheres Vorzeichen für den Tod der Diktatur. Nun fand dieses Volk auch den Mut, zu fragen, weshalb man gewaltsam gegen die Studenten vorgegangen war. Und die Regierung sah sich gezwungen, darauf eine Antwort zu geben.

»Die Polizei mußte eingreifen, weil sie mit Steinen beworfen wurde.« Eine Lüge. Dies schrie Dr. Berisha noch an Ort und Stelle, nachdem die Demonstration aufgelöst worden war, dem Polizeichef und dem Parteisekretär von Tirana ins Gesicht. Wichtig war, daß das Regime sich zu Erklärungen genötigt sah. Tausende waren in den letzten fünfundvierzig Jahren unschuldig umgebracht worden, und in der Öffentlichkeit wurde kein Wort darüber laut. Ungeachtet des verwendeten Vokabulars war das amtliche Kommuniqué im Kern nichts anderes als ein verzweifelter Versuch des elenden Innenministeriums (also der Partei), sich zu rechtfertigen. Kein Zweifel, die Angst, die das Volk verließ, setzte sich »dort oben« fest. Bis hin zu Ramiz Alia, dessen Macht als Erster Sekretär des Zentralkomitees der Partei, Präsident der Republik und Kommandeur der Streitkräfte schier unbegrenzt war.

Er hatte sich gestern nach Mitternacht gezwungen gesehen, wegen »einer Handvoll Rabauken« auf seinen Schlaf zu verzichten (unglaublich), ja sogar mit ihnen zu sprechen und ihnen die umgehende Erfüllung ihrer (wirtschaftlichen) Forderungen zu versprechen. Als die Demonstration stattfand, sah er sich zu akzeptieren gezwungen, was er den Studenten in der ersten Nacht noch verweigert hatte: nämlich unverzüglich in der Studentenstadt zu erscheinen, wenn sie nur in ihre Wohnheime zurückkehrten. Er sah sich gezwungen, eine Abordnung derer in seinem Büro zu empfangen, die sich mit der Polizei geschlagen hatten, noch ehe auf dem »Schlachtfeld« in der Rruga Labinoti wieder Ruhe eingekehrt war. Er sah sich gezwungen, gegen vier Uhr nachmittag Berisha bei sich zu Hause zu empfangen und in seiner Gegenwart die Freilassung der verhafteten Studenten zu veranlassen. Und noch mehr: Er sah sich gezwungen, Dr. Berisha darum zu bitten, seinen Einfluß geltend zu machen, damit die Studenten sich wieder beruhigten. Eine Bitte, die so gar nicht zum Charakter des »wahrhaft marxistisch-leninistischen Führers, engsten Mitarbeiters Enver Hoxhas und Fortsetzers seines Werkes« Ramiz Alia passen wollte. Und als Dr. Berisha erwiderte, die Studenten und das ganze Volk würden erst dann zur Ruhe kommen, wenn die Forderung nach Freiheit und Demokratie erfüllt würde, hatte er nicht die Courage, dieses Ansinnen als feindlich, von außen hereingetragen usw. zu diffamieren, wie es seiner Gewohnheit und seinem Wesen entsprochen hätte. Er bat nur weiter. Beweis genug, daß er dabei war, den Boden unter den Füßen zu verlieren. Das war noch nicht der letzte Kniefall vor dem Medizinprofessor Sali Berisha (»Nütze deinen ganzen Einfluß ...«) während dieses kurzen Treffens: Er bat ihn auch, die Studenten dazu zu bringen, sich zum Dialog an einen Tisch mit ihm zu setzen. Er war bereit, eine erweiterte Abordnung zu empfangen, »wie viele Personen, das können sie selbst entscheiden, schon morgen«.

Dr. Berisha verließ den »Block«[6] mit strahlender Miene.

6 Bewachtes Wohnviertel der Nomenklatura

Ich wartete beim Parteikomitee von Tirana auf ihn. Er kann seine Gefühle nicht verbergen. Ich sah schon von weitem, daß er sein Ziel erreicht hatte: die Freilassung der inhaftierten Studenten. Mit mehr rechnete ich nicht. Ich war völlig erschöpft und einigermaßen nervös. Die Zigaretten waren mir ausgegangen. Zudem hatte ich nicht zu Mittag gegessen, aber ich hatte auch keinen Hunger.

»Damit ist deine Arbeit getan«, sagte ich in voller Überzeugung zu ihm. Wir hatten weit mehr unternommen, als wir den Studenten versprochen hatten.

Der Doktor warf mir einen erstaunten Blick zu, wie immer, wenn ihm eine Meinung abwegig erscheint, und antwortete:

»Nein, wir gehen jetzt zurück in die Studentenstadt. Unsere Arbeit fängt jetzt erst an. Die Studenten sind auf den Beinen, und sie können Wunder bewirken. Wir dürfen nicht zulassen, daß Albanien diese Chance vergibt.«

Ich werde nicht aufhören, dieses Eingreifen historisch zu nennen. Ich bin nicht imstande, mir auszumalen, wie es um den Sieg der Demokratie bestellt gewesen wäre, wenn er sich meiner Meinung angeschlossen hätte. Wie sich herausstellen sollte, hatte er einen kaum zu ersetzenden Anteil daran, daß die Ereignisse ihren richtigen Gang nahmen. Sein Urteil war das eines politisch denkenden Menschen.

Ich begleitete ihn nur aus Freundschaft. Doch möchte ich noch einmal wiederholen, daß ich damals nicht im entferntesten daran glaubte, daß dieser Samstag und dieser Sonntag für eine der blutrünstigsten Diktaturen des zwanzigsten Jahrhunderts in einem europäischen Land das letzte Wochenende bedeuten würden.

Die Blume ging im Winter auf

Zu allem, was sich über zwei Tage hinweg in der Studentenstadt abgespielt hatte, brachte die albanische Rundfunk- und Fernsehanstalt in den letzten Nachrichten vom Sonntag, dem 9. Dezember 1990, folgende Meldung:

Unruhen in der Studentenstadt.

Infolge eines technischen Defekts fiel gestern in zwei Schlafgebäuden der Studentenstadt für einige Stunden der Strom aus. In ihrem Mißfallen über das wiederholte Eintreten dieses Zustands protestierten einige Studenten und störten dabei die öffentliche Ruhe und Ordnung.
Es wird vermutet, daß der Defekt infolge einer Netzüberlastung durch den massiven Gebrauch von elektrischen Heizöfen verursacht wurde, da die Zentralheizung in den dieses Jahr neu errichteten Schlafgebäuden noch nicht installiert ist.
Heute vormittag versuchten einige Studenten, die vorhandene Unzufriedenheit für politische Zwecke zu mißbrauchen. Sie provozierten die Ordnungskräfte und handelten dem Gesetz zuwider. Unter diesen Bedingungen waren die Ordnungskräfte gezwungen, einzugreifen und sie zu zerstreuen.
Zu Gesprächen mit den Studenten fanden sich der Bil-

dungsminister, der Rektor der Universität u. a. ein. Inzwischen war zu erfahren, daß zur Ermittlung der Ursachen des Defekts und zur Klärung der Forderungen der Studenten eine Sonderkommission der Regierung eingerichtet wurde.

Dies ist die vollständige, von ATA[7] gezeichnete Meldung, die an diesem Abend an die einheimische und ausländische Öffentlichkeit gegeben und am folgenden Tag von der gesamten Presse übernommen wurde. In den Zeitungen stand sie neben der Meldung über die Abreise des Außenministers Reis Malile nach Kuba. Diese Nachbarschaft war kein Zufall. In der kommunistischen Presse geschieht nichts ohne politische Hintergedanken. Zwei Tage später sollte die Bewegung nach alter Tradition als Werk der CIA und anderer imperialistischer Geheimdienste denunziert werden. Man mußte also dringend die Allianzen bekräftigen. Auf dem Flughafen von Havanna erklärte der albanische Außenminister: »Wir besuchen Ihr schönes Land im Wunsch, die bestehenden freundschaftlichen Beziehungen zwischen Albanien und Kuba auf politischem, wirtschaftlichem, wissenschaftlich-technischem, kulturellem und anderen Gebieten zu festigen. Ich möchte hier die tiefen Gefühle der Sympathie zum Ausdruck bringen, die das albanische Volk für das freiheitsliebende kubanische Volk hegt.« Eine entsprechende Erklärung gab er dann einige Wochen später in Peking ab. Ein gespenstisches Dreieck Tirana-Havanna-Tienanmen. Glücklicherweise ließ sich in Albanien niemand mehr durch diese Demonstration beeindrucken. Solche Freundschaften taugten nicht mehr dazu, das Leben des Regimes zu verlängern, sie brachten es seinem

7 Albanische Telegraphen-Agentur, die staatliche Nachrichtenagentur

Ende nur noch näher. Fidel Castro oder Deng Xiaoping waren zu weit weg, um ihren bedrohlichen Schatten über den Skanderbegplatz zu werfen. Nicht nur täglich, sondern stündlich schritt der unaufhaltsame Niedergang erkennbar fort. Diktaturen sind als halbes Gebäude nicht mehr standfest.

Dieser Niedergang hatte am Nachmittag des 9. Dezember, des historischen Sonntags, begonnen, als in den Büros der Pressedirektion des Zentralkomitees der Partei die oben wiedergegebene Meldung entworfen wurde, die dann, ehe sie von ATA unterschrieben wurde, zwangsläufig auf dem Schreibtisch von Ramiz Alia selbst landete. Solche Meldungen sind Vogel-Strauß-Politik. Ich meine damit, daß die Machthaber, die ihr Leben lang im Volk nichts anderes als eine blinde Masse gesehen hatten, die nur ihren Führern nachläuft, nicht bloß am Sonntag, sondern auch noch am Montag und am Dienstag die Studentenbewegung für »Kinderkram« hielten. Sollen sie doch ihren Spaß haben! Dies war für sie noch lange kein Grund, auch nur einen Finger zu rühren, was die Zulassung des Pluralismus anbelangte. Wären ihre Prognosen für die Zukunft auch nur annähernd realistisch gewesen, hätten sie sich fraglos ganz anders entschieden. Bestimmt hat auch die Angst wesentlich eine Rolle gespielt, das Beispiel Ceauçescu, doch meiner Meinung nach sind ihre »Zugeständnisse« in erster Linie auf überzogenes Selbstvertrauen zurückzuführen. Noch waren sie von der Angst nicht besiegt.

Die »Kinder« aus der Studentenstadt, oder »unsere irregeleiteten Söhne und Töchter«, wie es dann am Dienstag, dem 11. Dezember, bei der Plenartagung ihres Zentralkomitees hieß, führten dagegen das begonnene Werk mit größter Ernsthaftigkeit fort. Schon am Sonntag abend listeten sie ihre wichtigsten Forderungen auf, die sie Alia bei dem bevorstehenden Treffen präsentieren wollten, wobei Pluralismus der wichtigste Punkt war. Den ganzen Sonntag über waren sie aufgeregt. Angst war dafür verantwortlich. Unter den vielen hundert Studenten, mit denen wir an diesem Tag einzeln oder in Gruppen sprachen, habe ich außer Azem Hajdari keinen getroffen, der nicht Angst vor einer Identifizierung hatte. Alle hatten die gleiche Sorge: Man hat uns gefilmt! Warum hat man uns gefilmt?

Diese Angst war erklärlich, nicht nur wegen ihres Alters und der Unerfahrenheit in Auseinandersetzungen mit der Polizei. Sie kam daher, daß sie die »Biographie« des Sigurimi zur Genüge kannten. Sie fürchteten ein geräuschloses Massaker, wenn sich die Situation beruhigt hatte. Hatte man nicht in ganz Albanien nach den Botschaftsereignissen im Juli von Hunderten von Verschwundenen gesprochen? Wenn wir sagten, daß man ihnen jetzt nichts mehr tun könne, fragten sie zurück:

»Und warum haben sie uns dann gefilmt? Was hatten verborgene Kameras auf unserer friedlichen Kundgebung zu suchen?«

Berisha versuchte sie davon zu überzeugen, daß es inzwischen die Polizei war, die Angst hatte. Sie überfielen ihn mit Fragen.

»Warum schlagen, warum verhaften sie uns dann? Unsere Kundgebung war doch ganz friedlich ...«

Und wirklich, warum hatte die Polizei ausgerechnet zu einem Zeitpunkt eingegriffen, als die Studenten nach drei Stunden auf einem Fleck schon müde zu werden begannen? Für solch begründete Fragen war kein Raum. Das Vorgehen der albanischen Polizei hatte sich noch nie an normaler Logik messen lassen. Später erzählte mir ein Bekannter, der sich zufällig in der Nähe des Polizeioberen befunden hatte, der die Operation leitete, von einem Dialog, den er mitangehört hatte. Der »Ordnungshüter« hatte über Funk mit irgend jemand gesprochen. Ich denke mir, daß der Gesprächspartner des Einsatzleiters, was die Entscheidungsbefugnis anbelangt, kein anderer als der Innenminister selbst gewesen sein kann. Mein Verdacht verstärkte sich, als ich am 3. Juli 1991 in der Zeitung »Zëri i Rinisë« das Interview mit Hekuran Isaj las. Dem Exinnenminister zufolge war Ramiz Alia in alle Verwicklungen, die Albanien in den Jahren davor erlebt hatte, böse verstrickt gewesen. Nur den 9. Dezember »vergißt« der Interviewte.

Wie dem auch sei, ich möchte hier nach meinen Notizen den ganzen Dialog wiedergeben.

Der Oberpolizist: »Gleich fängt das Fußballspiel an. Ausgangs der Rruga Labinoti und an den anderen Durchgängen zum Stadion stauen sich immer mehr Menschen. Wir haben nicht genug Kräfte, um die Durchgänge lange geschlossen zu halten. Es sind über 20.000 Eintrittskarten verkauft worden. Die Demonstranten rühren sich nicht vom Fleck. Was sollen wir tun?«

Die Stimme aus dem Funkgerät: »Macht noch eine Aufforderung, daß sie sich zerstreuen sollen.«

Der Oberpolizist kam dem Befehl nach, obwohl er sich wahrscheinlich nicht viel davon versprach. Er betonte, das sozialistische Vaterland sei in Gefahr, und man solle sich nicht von böswilligen Leuten mißbrauchen lassen, die auf eine Beschädigung der Volksmacht abzielten. Dann trat er wieder auf den Gehsteig zurück, um auf Zeus' letztes Wort zu warten. (Es sind ihnen zehn Minuten zu lassen, besagt die »Anweisung«, nach der er handelte.)

Der Polizeiführer: »Alle Versuche sind sinnlos. Wir haben keine Zeit mehr.«

Die Stimme aus dem Funkgerät: »Greift ein, aber schnell! Schlagt nur auf den Nacken und tiefer! Auf keinen Fall auf den Kopf.«

Diese Episode ist absolut glaubhaft. Gewöhnlich war das Fußballspiel das wichtigste Sonntagsereignis in Tirana. Um so mehr an diesem Sonntag, an dem zwei Mannschaften aus der Hauptstadt aufeinandertrafen: Dinamo und Partizani. Ungeachtet dessen, daß Dinamo die Mannschaft des Innen- und Partizani die Mannschaft des Verteidigungsministeriums war, was sich auch an der Zahl der verkauften Eintrittskarten ablesen ließ, hatten beide Mannschaften viele Fans, die den »hitzigsten« Teil der hauptstädtischen Jugend ausmachten. Die Polizei wußte, daß sie nicht zögern würden, trotz aller Vorfreude das Fußballspiel sausenzulassen und sich der heroischen Truppe der Studenten anzuschließen. Dann aber...

Auch die Studenten wußten, daß sie alleine nicht weiterkamen. Als Dr. Berisha und ich auf Azem Hajdari trafen, war seine erste Bemerkung:

»Die Tiranaer haben uns im Stich gelassen. Ach, wären wir nur in Shkodra!«

Die Tiranaer bewiesen tags darauf, daß sie im Herzen von Anfang an auf der richtigen Seite gewesen waren. Und ganz Tirana redete an diesem Nachmittag von nichts anderem. Doch die Lähmung aus fünfundvierzig Jahren ließ sich nicht mit einem Schulterzucken abschütteln. Besonders am Samstag und am Sonntag sind in Tirana der Boulevard der Helden der Nation und der Skanderbegplatz abends voller Spaziergänger. Ich weiß nicht, aus welcher Zeit diese Tradition stammt, ich kenne auf jeden Fall nichts anderes. Aber am Abend des 9. Dezember waren so viele Menschen unterwegs wie selten zuvor. Es hatte sich herumgesprochen, daß die

Studenten um sieben Uhr auf dem Platz einziehen wollten. Sicher wußte auch die Polizei Bescheid und sah die Folgen voraus. Sie hatte strenge Maßnahmen ergriffen. Als wir von Berishas Gespräch mit Ramiz Alia zurückkamen, um uns mit Azem Hajdari und seinen Freunden zu treffen, hatten wir einen dichten Gürtel von Polizisten und Soldaten rings um die Studentenstadt feststellen können.

Bis an die Zähne bewaffnet.

Wir hatten auch den mehr als wilden Gesichtsausdruck besonders der Polizisten wahrgenommen. Was die Soldaten anging, hatte man, anders als am Vormittag, die Geeignetsten ausgewählt. Bei unseren Behördengängen zwecks Freilassung der inhaftierten Studenten hatten Berisha und ich auch mit einigen hohen Staats- und Parteifunktionären gesprochen. Und begriffen, daß sie zu einem Massaker entschlossen waren, wenn die Studenten nicht klein beigaben. Deshalb bestand Berisha darauf, die für den Abend vorgesehene Demonstration zu verschieben. Ein Massaker gleich zu Beginn hätte nur die alte Angst wieder aufleben lassen und nicht nur in Tirana, sondern im ganzen Land zu heftigsten Spannungen geführt, mit wahrscheinlich nicht mehr zu reparieren-den Folgen für die angestrebte Demokratie. Die Menschen hätten den Mut verloren. Sie hätten den Glauben daran verloren, daß der Augenblick gekommen war, das Ende der Diktatur einzuläuten. Nicht nur um die Hoffnungen der Studenten würde es geschehen sein, deren Energien sich schnell verschleißen würden, wenn sie noch lange allein blieben, sondern auch um die der Intellektuellen, der ganzen Bevölkerung Tiranas, die sich ihnen mit ein wenig Verspätung anschließen sollten. Die ersten unter den Bürgern der Hauptstadt waren, wie man sich denken kann, die dort ansässigen Studenten, die sich bisher dem Druck der Eltern nicht hatten entziehen können, so daß ihr Platz an der Seite ihrer Freunde aus den Studentenwohnheimen zwei Tage lang leer geblieben war. Nach ihnen fand sich auf dem Platz, der später den Namen »Platz der Demokratie« erhalten sollte, also auf dem Platz vor der Mensa, die Arbeiterjugend ein, und alle anderen folgten ihr.

So war am Montag gegen Mittag die Lawine endgültig ins Rollen gekommen. Um diese Zeit traf ich im Park vor dem Hotel »Dajti« zufällig Gramoz Pashko. Er teilte mir seine Absicht mit, sogleich zu den Studenten zu gehen. Er traf bei ihnen noch am gleichen Nachmittag ein, um bis zum Juni 1991, als er das Amt des Vizepremiers in der Regierung der Nationalen Stabilität übernahm, nicht mehr von ihrer Seite zu weichen.

Am Montag nachmittag, es war der 10. Dezember, hatten die Menschen ihre Angst und Verwirrung weitgehend überwunden. Die Forderungen, die am Tag darauf von der Abordnung der Studenten Ramiz Alia präsentiert werden sollten, hatten fast schon ihre endgültige Gestalt angenommen. Ich weiß nicht, wie viele Stunden Dr. Berisha sowie Azem Hajdari und seine Freunde in dieser Nacht geschlafen haben. Vielleicht auch gar nicht. Seit Montag mittag war ihre Arbeit gleichzeitig sehr viel leichter wie auch wesentlich komplizierter geworden. Um Azem Hajdari und Sali Berisha scharte sich inmitten der Menge der Studenten und Arbeiter auch ein gut Teil der Intellektuellen der Hauptstadt. Vor allem die jüngeren.

An diesem Tag mußte ich allerdings bei einigen meiner alten Bekannten gewisse Schwächen wahrnehmen, die weit hinten in meinem Gemüt ein schwaches, aber gleichwohl deutliches Mißbehagen hervorriefen, das in den folgenden Monaten noch wesentlich wachsen sollte. Man hätte es fast schon Enttäuschung nennen können. Ich spreche von der Sucht, sich stets in den Vordergrund zu drängen. Manche, so stellte sich heraus, konnten sich selbst nur in der Rolle von Chefs der jungen Bewegung vorstellen. Dadurch behinderten sie immer wieder die so dringende Arbeit der Leitungskommission, die sich ausschließlich aus Studenten zusammensetzte. Mit der Selbstsicherheit unfehlbarer Strategen wandten sich diese selbsternannten Leitwölfe an die Studenten, und wenn sich ihre Auffassungen in den Papieren nicht niederschlugen, zogen sie beleidigt von dannen. Nun tauchten sie auf den Straßen und Plätzen der Studentenstadt auf, die inzwischen voll von Studenten, Arbeitern, Intellektuellen, Kindern waren, Zuträgern des Sigurimi, zivil verkleideten Polizisten, überspannten Individuen, ängstlichen Eltern oder einfach bloß Schaulustigen, und improvisierten Reden, in denen sie nach außen hin die Diktatur anprangerten, in Wirklichkeit aber nur sich selbst beweihräucherten. Ihre Ansprachen begannen sie gewöhnlich mit einem »Wir...«, um dann schnell zum »ich...« überzugehen. Dann beteuerten sie ganz im pathetischen Stil Enver Hoxhas, für die Demokratie sei ihnen kein Opfer zu groß. Einer von ihnen zog gar sein Sparbuch hervor, schwenkte es mit dem Heldenstolz eines Skanderbeg und der Demut eines Apostels und erklärte, er wolle alle seine Ersparnisse für diese wunderbare Demokratie, auf die er so viele Jahre lang ungeduldig gewartet habe, zur Verfügung stellen. Es war sein erspartes Gehalt der letzten fünf Jahre, das ihm in Tirana regelmäßig weiterbezahlt worden war, während er sich dank seiner Verdienste als Sohn eines ehemaligen Justizministers und Neffe Ramiz Alias in Österreich seinem Studium gewidmet hatte. So erfuhr das Volk auf einmal, wie viele Helden, in den Zeiten des Leidens leider unerkannt, es in seinen Reihen hatte. Sie ließen mich in ihrem Eifer an eine Bemerkung Jüngers denken, daß es auch in Bürgerkriegen viele Aspiranten auf Generalsepauletten gibt. Schlimm für sie! Sie ließen sich zu schnell mitreißen von der Gier nach Macht und Ruhm.

Die Partei der Arbeit ließ indessen kein Zeichen besonderer Panik erkennen. Der Verlust der Herrschaft stand für sie noch nicht am Horizont. Am Dienstag morgen erschien in der Zeitung »Zëri i Popullit« erneut eine Meldung von ATA, deren vollständiger Text lautet:

Über die Lage an der Universität Tirana

Die Lage an der Universität Tirana ist nach wie vor unüberschaubar. Gestern erschienen die Studenten in ihrer Mehrheit nicht zum Unterricht, sondern versammelten sich bei den Wohnheimen in der Studentenstadt.
Wie der Korrespondent von ATA in Erfahrung brachte, bestand der Zweck der Versammlung darin, ein Treffen mit dem Vorsitzenden des Präsidiums der Volksversammlung, Genossen Ramiz Alia, zu erreichen, um ihm die eigenen Probleme und Sorgen vortragen zu können.
Ebenso war zu erfahren, daß Genosse Ramiz Alia dem Wunsch entsprach, mit einer Vertretung der Studenten zusammenzukommen und zu diskutieren, mit der Empfehlung an die anderen, ordnungsgemäß am Vorlesungsbetrieb der Universität teilzunehmen. Diese Mitteilung wurde ihnen durch den Bildungsminister, Genossen Skënder Gjinushi, überbracht. Bis gestern abend hat das Treffen noch nicht stattgefunden, da die Studenten bisher keine Vertreter benannt haben.

Das war die ganze Mitteilung, die auch von der übrigen Tagespresse verbreitet wurde. Nach den Massenmedien zu schließen, war das Regime nicht besonders beunruhigt. Offensichtlich glaubte man in albanisch-stalinistischer Selbstherrlichkeit noch, die Wahrheit werde schon verkümmern, wenn man sie nur verheimlichte. Andere, in der Öffentlichkeit unkommentierte Handlungen zeugten indessen, wenn nicht von Panik, so doch von großer Beunruhigung. Ein solcher vielsagender Hinweis, der in dieser hektischen Situation allerdings nur wenigen Menschen auffiel, war die Nichterwähnung Enver Hoxhas als Namenspatron der Universität. Das konnte keinesfalls Vergeßlichkeit zugeschrieben werden. Überdies waren trotz aller in der ATA-Meldung erwähnter Aufforderungen, nicht zuletzt von Ramiz Alia persönlich, den Unterrichtsbetrieb wiederaufzunehmen, bereits am Sonntag nachmittag die Eltern von Studenten aus der Provinz telegrafisch aufgefordert worden, ihre Kinder abzuholen. Zwecks rascher Erledigung wurden ihnen kostenlos Busse zur Verfügung gestellt. Wie immer ignorierten nur sehr wenige Eltern die Anweisung der Partei. Noch geringer war diesmal allerdings die Zahl der Studenten, die sich ihren Eltern fügten.

Am Dienstag vormittag, während das Plenum des Zentralkomitees tagte, fuhren die letzten Omnibusse in die ferne Provinz des Landes ab. Halbleer. Der Druck, der auf den zu ihren Familien heimkehrenden Männern lastete, hatte nichts mit dem durch die Widersetzlichkeit der Sprößlinge gekränkten väterlichen Stolz zu tun. Nein. Sie hatten Angst, weil sie erkannten, daß den Kindern Gefahr drohte. Den meisten war unverständlich, was die Jungen wollten. Bei diesen Fünfundvierzigjährigen war der Freiheitssinn schon lange abgestorben. Man erinnerte sich noch nicht einmal mehr an den Geschmack. Wie Bären, die im Zoo aufgewachsen sind, kannten sie kein Leben ohne Beschränkungen durch den Staat. Ihre vor der Zeit gealterten Gesichter, die für die Jahreszeit ungeeignete Kleidung sowie der elende Zustand der Busse, in denen man sie (kostenlos) transportierte, spiegelten recht gut wider, weshalb sie unfähig waren, ihre Söhne und Töchter zu verstehen. Auf dem Höhepunkt der Verbrüderung zwischen Albanien und China hatte Jiang Qing, Maos Frau, einmal gesagt: »Armut und Unwissenheit machen die Menschen zu Untertanen. Wohlstand läßt sie das Haupt erheben.« Hätten sie gewußt, daß die gesamte staatliche Macht der Sozialistischen Volksrepublik Albanien auf dieser Philosophie aufgerichtet war, sie hätten sich ihrer langen Fügsamkeit gewiß geschämt. Armut und Unwissenheit waren ihnen so in Fleisch und Blut übergegangen, daß sie gar nicht mehr wahrgenommen wurden. Sie wußten, daß sie Mangel litten, sogar zunehmend, aber dabei handelte es sich ja, wie die Partei sagte, um »Wachstumsschwierigkeiten«. Sie hofften auf eine bessere Zukunft. Für sich selbst versprachen sie sich von der Zukunft nichts mehr. Das war es eben, was wir vom Leben bekommen haben, hörte man gewöhnlich schon die Vierzigjährigen im tiefverwurzelten Defätismus der Albaner sagen. Wenn es nur den Kindern bessergeht! Nur für diese erhofften sie sich noch etwas von der Zukunft. Aber welcher Weg würde dorthin führen? Es gab eine schmerzliche Diskrepanz zwischen dem elterlichen Hoffen und der nervösen Frage, die jeder von ihnen an seinen Sohn oder seine Tochter richtete: Was wollt ihr überhaupt? Was fehlt euch denn?

Wenn Sohn oder Tochter unverblümt erwiderten, sie wollten alles, weil ihnen alles fehlte, beendeten die Väter das Gespräch stets mit mehr oder weniger denselben Worten: Das kommt davon, daß es euch viel zu gut geht!

Sie glaubten tatsächlich, ihre Kinder lebten nicht schlecht. Auf jeden Fall nicht so schlecht, daß sie das Recht hatten, sich zu beschweren. Im Vergleich zu ihnen selbst stimmte das sogar. In der Mensa der Studentenstadt gab es zweimal in der Woche ein Stückchen Fleisch, während in den düsteren Städten im Süden und im Norden, und schon gar auf dem Dorf, die meisten Fleisch nur an den nationalen Feiertagen auf den Tisch bekamen. Überhaupt sprengte die Forderung nach Freiheit und Demokratie ganz einfach ihre Vorstellungskraft. Was war das überhaupt, Freiheit? Was war Demokratie? Gab es nicht genug davon? Manchmal sogar viel zuviel?! Bei zuviel Freiheit verweichlicht die junge Generation bloß.

Böse Vorahnungen für die Zukunft ihrer Kinder waren schuld an der Angst der erschöpften Väter, als sie sich unverrichteter Dinge auf den Heimweg machten. Die Eltern waren beherrscht von ihrem Instinkt für die Gefahr. Die Erfahrung ihrer fünfundvierzig Jahre – eine andere hatten und kannten sie nicht – sagte ihnen, daß nicht bloß der studierende Nachwuchs, sondern auch sie selbst bedroht waren. Und ihre Verwandten. Gewöhnlich wurde die ganze Sippe eines »Volksfeinds« inhaftiert und interniert. Selbst Freunde gerieten in Mitleidenschaft. Das war das oberste Gesetz des Klassenkampfes. Das Unglück drohte also von allen Seiten auf sie hereinzubrechen, es trübte ihre Vernunft, es machte sie zu anderen Menschen. In einer unwirklichen Gesellschaft sind auch die Menschen unwirklich, sagt Sartre. Das genau meinten diese zwanzigjährigen Jungen und Mädchen, wenn sie erklärten, ihnen fehle alles. Sie wünschten sich auch in ihrem Land endlich eine wirkliche Gesellschaft. Und wirkliche Menschen. Sie waren von diesem Ziel so überzeugt, daß selbst der Tod sie nicht schreckte. Ungeduldig warteten sie auf den Abschluß der Plenartagung des Zentralkomitees der Partei der Arbeit. Das Ergebnis kam in den Zwanzig-Uhr-Nachrichten von Radio und Fernsehen.

»Hurra! Wir haben gesiegt!« Die ganze Studentenstadt hallte von diesem Ruf wider. Mit Sicherheit waren dort mehr als hunderttausend Menschen versammelt.

Der Pluralismus, der von Ramiz Alia erst dreizehn Tage zuvor als ein »Unglück« verketzert worden war, war das, was in Albanien niemals eintreten dürfe, hatte doch Albanien »mit den Ländern des Ostens, von denen es sich 1961 löste, nichts gemeinsam«. Dies hatte er zur Feier des 29. November, des sechsundvierzigsten Jahrestags der sozialistischen Revolution, vor den Stahlarbeitern des Kombinats »Stahl der Partei« in Elbasan beteuert.

Was folgte auf diese emphatischen Beteuerungen?

Die Zukunft stellte sich unerwartet ein, strahlend, doch auch mit vielen quälenden Fragezeichen.

Zu dieser Zeit, also gegen 20 Uhr am 11. Dezember, trat Ramiz Aliain die Verhandlungen mit der Studentendelegation ein. Es war das dritte Mal innerhalb von vier Tagen, daß er sich mit einer Abordnung traf, aber das erste Mal, das die Informationsmedien das Ereignis nicht vorher geheimgehalten hatten. Die Studenten befanden sich in Begleitung einiger jüngerer Professoren, zu denen auch Arben Imami gehörte, Professor an der Schauspielschule, der dann noch am gleichen Abend unter den Gründern der Demokratischen Partei war.

Ganz Tirana wartete ungeduldig auf das Ergebnis des Gesprächs, das mittlerweile nicht nur unnötig, sondern fast schon widersinnig geworden war. Man hatte die Zulassung des Pluralismus ja bereits einige Stunden zuvor beschlossen. Die Partei der Arbeit war wie üblich sehr trickreich verfahren. Mit der Zustimmung zur »Schaffung unabhängiger politischer Organisationen zum Nutzen der weiteren Demokratisierung des Lebens im Lande«, wie es in dem vom Zentralkomitee sogleich herausgegebenen Kommuniqué hieß, wollte sie ihren Anspruch auf alleinige Urheberschaft am Demokratisierungsprozeß in Albanien unterstreichen. Der Beschluß war ein geschickter Schachzug. Die Studenten waren noch nicht dazu gekommen, dem uneingeschränkten Chef dieser Partei die eindeutig formulierte Forderung nach politischem Pluralismus zu stellen. Dafür war das Treffen vorgesehen gewesen, doch nun war die Forderung absolut belanglos geworden. Um ihnen den Wind vollends aus den Segeln zu nehmen, teilte Ramiz Alia gleich zu Beginn des Gesprächs mit, was bei der Plenartagung seiner Partei herausgekommen war.

Den Studenten mußten sich darauf beschränken, dem Präsidenten ihren Unmut über die unzureichende Ernährung und die fehlende Heizung in den Schlafräumen mitzuteilen. Er versprach ihnen mehr Zucker im Tee und eine zusätzliche Decke. So wurde ihre Großtat, die Albaniens Geschichte eine neue Richtung gegeben hatte, zur Karikatur herabgewürdigt. Ramiz Alia versuchte bis zuletzt, die Leistung der Studenten herabzusetzen. Die Botschaft, mit der er sich am folgenden Tag über das Fernsehen an das albanische Volk wandte, begann mit den Worten: »Gestern abend habe ich mit einer umfangreichen Delegation der Studenten der Enver-Hoxha-Universität über ihre Sorgen und Nöte gesprochen.« Was waren das für Sorgen und Nöte? Die unerträglichen Lebensbedingungen in der Studentenstadt? Doch seine Demagogie war inzwischen schon so abgegriffen, daß sich innerhalb noch außerhalb Albaniens niemand mehr irreführen ließ. Jedermann wußte, wer hier etwas bewirkt hatte.

Nach etwa drei Stunden kamen die Studenten zurück. Sie hatten eine Tonbandkassette dabei, auf der das Gespräch mit dem Präsidenten aufgezeichnet war. Eine schier unüberschaubare Menschenmenge wartete darauf, sich alles anzuhören. In der Nacht zuvor und den ganzen Tag über war ein feiner Nieselregen niedergegangen. Nur die Terrasse der Mensa, von der aus die Redner sprachen, war schwach beleuchtet. Im Finstern im Schlamm stehend, bejubelten die Menschen das Ende der Diktatur. Das Dekor paßte zum Spektakel. Die Menschen schrien ihre ganze Verbitterung über die zu Ende gehende Tragödie hinaus und taten ihre neuerwachte Hoffnung auf die Zukunft kund.

»Dieser Tag wird für das albanische Volk einer der wichtigsten Feiertage bleiben. Es wird der Tag der Demokratie sein«, sagte Sali Berisha.

Sein Ton war viel sanfter als sonst. Er war gerührt. Tausende umarmten sich unter Tränen. Vor allem die Älteren. Sie suchten im Dunkeln die Gesichter der Studenten, um sie zu küssen, und vergossen dabei heiße Tränen. Vielleicht zum ersten Mal weinten sie vor Freude. Wie schön Freudentränen sind!

»Wir haben gesiegt«, sagte Azem Hajdari. Er konnte nicht weiterreden. Alle wußten, der Sieg war erreicht. Doch daß es einer aussprach, der noch vor zwei Tagen erklärt hatte, er wolle als erster für diesen Sieg sterben, übte eine besondere Magie aus. Mehr Worte waren nicht nötig. Die Menschen wollten nur noch jubeln. Zwei Finger zum V erhoben. Victoria. Er machte noch zwei Anläufe, erfolglos. Er ermahnte die Kundgebungsteilnehmer, auf das Siegeszeichen zu verzichten und Ramiz Alia nicht Präsident zu nennen.

Als wir wenig später zu dem Studentenwohnheim gingen, in dem dann die Demokratische Partei gegründet wurde, erkundigte ich mich bei ihm nach dem Sinn seiner seltsamen Aufforderung. Er berichtete mir, Ramiz Alia wolle nicht »Präsident« genannt werden. Er war »Genosse«. Der Arme! Seine kommunistische Ehre war verletzt. Was das Siegeszeichen anbelangte, so hatte Alia Drohungen ausgestoßen.

»Wen ich damit sehe, dem schneide ich die Finger ab«, waren seine Worte gewesen.

Hajdari, der schnell anfing, politisch zu denken, wollte dem »teuren Führer des albanischen Volkes« seine kleine Freude lassen. Vergebens. Das Volk gönnte denen, die seine lange Tragödie zu verantworten hatten, nicht einmal mehr die kleinste Genugtuung. Es wollte neue Führer, die es verstanden, für Demokratie eintraten und nie mehr zulassen würden, daß es vergewaltigt wurde.

Wir stiegen hinauf in den ersten Stock des Wohnheims, das am nächsten zum künftigen Platz der Demokratie lag. Einige Studenten versperrten die Treppen, damit wir nicht durch ständiges Kommen und Gehen gestört wurden. Wir, das waren: Sali Berisha, Azem Hajdari, Gramoz Pashko, Arben Imami, Elsa Ballauri, zwei Aufbaustudenten, die sich in jenen Tagen besonders hervortaten, die ich später allerdings nicht wiedergetroffen habe und deren Namen ich nicht weiß, und ich.

Draußen hörte eine hunderttausendköpfige Menge aus den Lautsprechern, wie Ramiz Alia mitgeteilt wurde, daß eine Partei der Studenten gegründet werden sollte. Der Präsident akzeptierte. Auf der am nächsten Tag in den Zeitungen veröffentlichten Fotografie ist deutlich das verächtliche Lächeln zu erkennen, mit dem er seine Gesprächspartner musterte. Eine Studentenpartei. Im Saal war er der einzige Politiker, und er allein erkannte, daß aus einer solchen Partei nichts werden würde. Auf die Studentenstadt begrenzt, wäre sie nicht mehr als ein besserer Verein gewesen, auf keinen Fall aber eine Gefahr für den kommunistischen Staat. Das verächtliche Lächeln des »Genossen Ramiz« läßt tief blikken. Daß er Jungen und Mädchen gegenübersaß, bestärkte den Vater der Nation offenbar in seiner Selbstsicherheit. Er ließ die Studenten fast nicht zu Wort kommen. Er gab ihnen gute Ratschläge zum Verständnis von Demokratie. Über ein paar der jungen Leute, die ihm zu sagen wagten, sie wüßten genau, was sie wollten, und auch, wie man es realisiert, machte er sich sogar lustig. Das war ein grober Schnitzer für einen Politiker, der eine derart lange Karriere hinter sich hatte. Er hatte nicht mit eingerechnet, was für einen schlechten Eindruck er auf die Bevölkerung machen würde, als das Gespräch dann im Fernsehen gebracht wurde.

Im engen Flur des Wohnheims diskutierten wir über die Art der Organisation, die wir schaffen wollten. Eine Beschränkung nur auf Studenten, das stand fest, machte keinen Sinn. Sali Berisha äußerte den Gedanken, daß man vielleicht besser gar nicht von Partei sprechen solle.

»Das Volk hat inzwischen einen Widerwillen gegenüber Parteien«, meinte er.

Das stimmte durchaus. Schon an diesem Abend meinten viele, wir sollten besser gar nicht von einer »Partei« sprechen. Aber es gab auch viele andere, für die eine »Partei« Sicherheit bedeutete. Sie waren es gewohnt, von einer Partei geführt zu werden, und jede andere Bezeichnung hätte der Neugründung den Anschein eines bloßen Vereins gegeben. Also von etwas Unseriösem. Vereine waren in der kommunistischen Periode etwas absolut Formales gewesen, sie hatten etwas mit Vergnügen zu tun und keinerlei Einfluß auf die Gesellschaft. Man konnte von der Bevölkerung nicht erwarten, daß sie sich leicht von dieser Vorstellung löste.

In ein paar Minuten waren die Argumente ausgetauscht.

Azem Hajdari konnte seine Müdigkeit nicht mehr verbergen und setzte sich auf die Treppe zum zweiten Stock. Er trug noch immer die schwarze Jacke, mit der er den ganzen Tag herumgelaufen war. Aber er hatte dazu eine Krawatte angelegt, überhaupt das erste Mal, wie er mir sagte. Sie veränderte ihn. Kujtim Çashku hätte bestimmt wieder gemeint, er sei dadurch schöner geworden.

»Was meinst du«, wandte sich Pashko an ihn, als wir einen Namen für die neue Partei suchten.

»Macht, was ihr wollt«, antwortete Azem. Seine Stimme machte nicht mehr richtig mit. »Ich bin mit allem einverstanden.«

Gramoz Pashko bestand darauf, daß der Name der Partei mit seinem Füller aufgeschrieben würde.

»Dann habe ich wenigstens einen einzigen wertvollen Gegenstand«, meinte er lachend.

Wir wußten nicht, wie man eine Partei aufbaut, schon gar nicht eine Partei, die sich vom ersten Tag ihrer Existenz an mit einer anderen Partei auseinanderzusetzen hatte, deren Klauen tief im Fleisch der albanischen Gesellschaft steckten. Wir wußten nicht, welche politische Orientierung unsere Partei haben sollte. Wir wußten nur, daß sie demokratisch zu sein hatte. Deshalb nannten wir sie »Demokratische Partei«. Das Wichtigste war uns auf jeden Fall klar: In Albanien war endlich ein Fenster aufgestoßen worden, durch das frische Luft hereindrang. Tags darauf sandte Ismail Kadare über die »Stimme Amerikas« begeisterte Grüße. Es war seine erste Botschaft seit der Bekanntgabe seines Asylantrags. »Im Winter ist eine Blume aufgegangen«, sagte er.

Der Winter stand wirklich vor der Tür. Würde er so hart werden, daß die Blume gleich wieder erfror?

VOX POPULI, VOX DEI

Leere Piedestale
oder
Der zweite Tod des Dreigestirns
Lenin-Stalin-Enver

– memento mori –

1.

Stalin war kein Tyrann, kein Despot. Er war ein prinzipienfester, gerechter, einfacher, liebenswürdiger Mensch.
(E. Hoxha: Begegnungen mit Stalin, 1979)

Dieser georgische Heilige in der Uniform eines Generalissimus wurde aus seiner Heimat vertrieben wie der leibhaftige Teufel, er wurde ebenfalls hinausgepeitscht aus dem großen Vaterland der Sowjets, das er selbst als Tempel der Harmonie unter den Völkern geschaffen hatte, er wurde verstoßen von der sozialistischen Familie, die in ihrer Gesamtheit nun das halbe Europa umspannte, als sei er nicht ihr Vater, sondern ihr böser Geist gewesen. Eingang in die Ewigkeit fand er in einer Ecke des Balkan namens Albanien. Daran gewöhnt, weite Steppen zu durchmessen, mußte ihm dieser Streifen Küstenland von gerade einmal 28 000 km² eng erscheinen. In seiner Jugend war er, anders als Lenin, nicht zur Emigration gezwungen gewesen. Erst nach seinem Tod. Die Schweiz, in der Lenin Zuflucht gesucht hatte, war eine Kleinigkeit größer als Albanien. Dafür schien hier fast das ganze Jahr über die wärmende Sonne, und anders als in der Schweiz gab es herrliche Sand- und Felsenstrände. Außerdem befand es sich in Nachbarschaft der Südslawen. Jedoch waren die Albaner ganz anders die Schweizer, bei denen Lenin lebte. Die Schweizer hatten seit Jahrhunderten keinen Krieg mehr erlebt, und Lenins revolutionäre Stimme blieb ihnen unverständlich. Die Albaner dagegen kannten kein Leben ohne Krieg.

Stalin hat die engen Bindungen der Albaner an den Kommunismus nie verstanden. Anders als in Ungarn, Polen, Jugoslawien, Bulgarien, der Tschechoslowakei und Deutschland war hier nicht seine Armee eingezogen, um anstelle von Hitlers Hakenkreuzfahne das Banner mit Hammer und Sichel aufzuziehen. Enver Hoxha erklärte voller Stolz: »Seit ihrer Gründung zeugt die gesamte Tätigkeit unserer Partei von ihrer Liebe, Achtung und Treue gegenüber der Doktrin der großen Klassiker, den Ideen Josef Stalins. Dies wird über die Generationen hinweg Bestand haben.« Enver Hoxha selbst war nicht aus der Moskauer Schule hervorgegangen. Er hatte zu Hause das französische Gymnasium absolviert und war dann zum Studium nach Frankreich gegangen. Stalin blieb tatsächlich schleierhaft, weshalb der Kommunismus in Albanien hatte siegen können. Die Herolde seiner Ideen in diesem merkwürdigen Land waren zahlreich und ungemein eifrig. Nicht nur Enver Hoxha bis zu seinem Tod im April 1985, sondern auch sein Nachfolger Ramiz Alia wurden nicht müde, zu betonen, daß der Kommunismus in Albanien triumphiert habe als der einzige Weg zur Verwirklichung der heiligsten Bestrebungen der Albaner, Freiheit, Demokratie und nationale Würde. Also war es klar, daß dieses Volk das Symbol des Kommunismus ehrte, das die gesamte Weltreaktion ständig mit Schmutz bewarf: STALIN.

Zunächst kamen die Deklarationen. Enver Hoxha und Ramiz Alia standen der Delegation ihrer Partei auf der Konferenz der kommunistischen Parteien im November 1960 vor. Sie verkündeten, die Haltung zu Stalin sei die Demarkationslinie zwischen Kommunisten und Verrätern. Hoxhas und Alias entsprechende Erklärungen zwischen 1960 und 1990 füllen fraglos ein Buch mit tausend Seiten.

Deklarationen allein waren nicht genug für den verwirrten Geist Stalins, der nun, da man seine Mumie aus dem Mausoleum geworfen hatte, unter der Erde lag wie alle anderen Toten. Besänftigung fand er darin, daß sein »Werk« lebendig erhalten wurde. Es war zwar nur in einem kleinen Land wie Albanien, doch zum Trost verkündete Enver Hoxha seine von den albanischen »Philosophen« und »Politologen« zur Bereicherung der marxistisch-leninistischen Theorie erklärte These von der Zickzackentwicklung der sozialistischen Revolution. Der Rang eines Landes im weltpolitischen Reigen hänge keineswegs von der Größe seines Territoriums und der Bevölkerung ab, auch nicht von seinem wirtschaftlichen und militärischen Potential, sondern von dem Vorbild, das es den anderen Völkern mit der Gesellschaft, die es aufbaute, gab. Durch den kontinuierlichen Aufbau einer stalinistischen Gesellschaft lieferte Albanien der Welt genau das Vorbild, dessen sie bedurfte. Die Behauptung ist sicher erlaubt, daß mit Stalin selbst an der Spitze des albanischen Staates die Experimente mit seiner Theorie nicht hätten besser verlaufen können, was die auf eine totale Spaltung der Bevölkerung durch den Klassenkampf ausgerichtete Innenpolitik anbetraf oder die Herstellung wirtschaftlicher Gleichheit (die Nomenklatura einmal ausgenommen), allerdings keiner Gleichheit im Überfluß, sondern in völliger Armut, und zwar durch die Zentralisierung der Wirtschaft unter Eliminierung jeglichen privaten Elements. Mit dem politischen Gefängnis als stärkster Institution.

Zur Komplettierung des Tableaus fehlten nur noch die Symbole. Anläßlich von Stalins siebzigstem Geburtstag im Jahr 1950 wurde eine der traditionsreichsten Städte unserer Arbeiterbewegung, Kuçova, das wichtigste Zentrum der albanischen Erdölindustrie, in Stalinstadt umbenannt. BIG BROTHER fand das verheißene Land. In Windeseile eroberte er sich sämtliche Städte Albaniens. Der großartigste Empfang wurde ihm natürlich in Tirana zuteil, wohin den Fuß zu setzen ihm die wichtigen Geschäfte der Weltrevolution zu Lebzeiten keine Zeit gelassen hatten.

Es gibt in Tirana einen Boulevard, der sicherlich zu den schönsten in Europa gehört, der Boulevard der Helden der Nation. In den dreißiger Jahren angelegt, trug er zunächst den Namen des ersten Königs der Albaner, Zogu. Nach der faschistischen Besetzung Albaniens wurde er in Boulevard »Mussolini« umgetauft. Stalin hatte das Pech, daß die Straße bei seinem Erscheinen Mitte der fünfziger Jahre bereits Boulevard der Helden der Nation hieß, und die Albaner sind empfindlich, was ihre Märtyrer anbelangt. Die Vorstellung einer Umbenennung ihres Boulevards, und sei es auf den Namen des Großen Lehrers, gefiel ihnen überhaupt nicht. Enver Hoxha fand einen Mittelweg. Eingangs des Boulevards der Helden der Nation ließ er Stalin ein gigantisches Denkmal errichten. Da Stalin nach seiner Ausquartierung aus dem Moskauer Mausoleum immer noch schwer an der Trennung von Lenin zu tragen hatte, verschaffte ihm Enver rasch Erleichterung. Er befahl, ein Denkmal des Genius der Revolution von gleicher Größe wie das des Generalissimus zu gießen. Die Statuen wurden einander gegenüber aufgestellt, so daß sie sich Tag und Nacht in die Augen schauen konnten.

In Worten machte Enver keinen Unterschied zwischen den Begründern des Sowjetstaats. Doch seinem Herzen stand Stalin näher. Schließlich konnte es nicht sein, daß sich der ganze Haß der Weltreaktion grundlos auf Lenins Nachfolger ergoß. Deshalb mußten die wahren Revolutionäre (also WIR) unserem Idol die gebührende Fürsorge zukommen lassen. Der zweitbedeutendste Boulevard der albanischen Hauptstadt, der den im Zentrum gelegenen Skanderbegplatz mit dem Bahnhof verbindet und gesäumt ist von Touristenhotels, Diplomatenwohnungen, dem Arbeiter-Kulturpalast »Ali Kelmendi«, dem Estradentheater, dem Zirkus, dem Gebäude der damals beiden einzigen Tageszeitungen »Zëri i Popullit« und »Bashkimi«[8] und der Zeitung »Puna«[9] des Gewerkschaftsverbandes (dem alle Arbeiter und Angestellten obligatorisch angehörten), ATA, der naturwissenschaftlichen Fakultät und der größten Frauenklinik des Landes, dieser Boulevard also, einer der belebtesten der Hauptstadt, wie man sich vorstellen kann, wurde nach Stalin benannt.

Es gab in Tirana auch ein Textilkombinat »Stalin« mit fünftausend Arbeitern, eine echte Bruchbude, seit langem ein Gangrän im Staatshaushalt, jedoch um jeden Preis am Leben zu erhalten. Es hatte »politische Bedeutung«, wegen seines Namens, versteht sich. Am Eingangstor erhob sich ein weiteres dickes Denkmal des Großen Bruders. Damit er auch die Intellektuellen unter der Aufsicht seines scharfen Blickes behalten konnte, wurden voluminöse Büsten auch vor der Albanischen Akademie, vor dem Schriftstellerverband und in der Eingangshalle der Universität aufgestellt. Wahrscheinlich gab es auf den Straßen und Plätzen der Hauptstadt noch andere, ohne daß sie mir aufgefallen wären. Dafür waren überall gewaltige Plakate mit seinem Bild zu sehen, etwa in der gleichen Dichte wie im Westen Coca-Cola- oder Autoreklamen. Das nach dem Abbruch der diplomatischen Beziehungen zur UdSSR verwaiste sowjetische Botschaftsgebäude wurde in ein Lenin-Stalin-Museum umgewandelt. Wenn man bedenkt, daß hier über Jahre hinweg das Personal untergebracht war, das die Überwachung

8 Stimme des Volkes bzw. Einheit
9 Arbeit

des gesamten politischen, wirtschaftlichen und militärischen Lebens in Albanien sowie ein gut Teil der KGB-Spionage in Westeuropa zu bewerkstelligen hatte, kann man sich vorstellen, wie geräumig das Gebäude ist. Exponate gab es keine, sieht man von einer Handvoll Erde ab, die Enver aus Stalingrad mitgebracht hatte. Der Rest bestand aus einer permanenten Fotoausstellung über Lenin und Stalin. Vor allem über Stalin. Mit Lenin verband sich die Erfahrung der Durchführung der Revolution. Die PAA (das heißt Enver) hatte inzwischen die Macht in Händen. So gesehen, war Lenin tatsächlich nur noch eine Museumsfigur. Mit Stalin verband sich die Erfahrung der Ausübung der Macht. Deshalb war er für die albanische Führung an den Platz des geistigen Vaters gerückt.

Das Tiranaer Modell fand sich in ganz Albanien multipliziert. Jede Bezirkshauptstadt bekam unweigerlich ihr Stalin-Denkmal auf dem Hauptplatz, eine Promenade und mindestens eine Schule, ein Unternehmen oder eine landwirtschaftliche Genossenschaft mit seinem Namen. Nach dem Bau der Wasserkraftwerke Marx, Engels und Lenin wurde Mitte der sechziger Jahre auch ein Wasserkraftwerk Stalin eingeweiht. Darf man Enver Hoxha glauben, war Stalin der im Bildungswesen am meisten studierte Autor. Besonders an der Universität, und zwar nicht nur an der politisch-juristischen und wirtschaftswissenschaftlichen Fakultät, wo man »sein überaus reiches und originelles Werk« als Philosoph, Politologe, Staatslenker, Militärführer und Wirtschaftsfachmann »ergründete«. In der sprach- und literaturwissenschaftlichen Fakultät, an der ich studierte, bildete sein »wissenschaftlicher« Beitrag »Der Marxismus und die Sprachwissenschaft« die Grundlage des Faches Linguistik.

Jeder seiner Geburts- und Todestage wurde vom Zentralkomitee zum Anlaß genommen, ein Programm landesweiter Aktivitäten auszuarbeiten. Gedenkfeiern, literarische Abende, »wissenschaftliche« Konferenzen zum Thema »Das Werk J. W. Stalins – stets aktuell« wurden angesetzt, hervorragende Werktätige zur Dekorierung auserwählt, neues Liedgut in Auftrag gegeben. Die mit einer solch wichtigen politischen Aufgabe betrauten Komponisten, Poeten und Sänger rechneten sich dies als große Ehre zu. Bei einem der Liederfestivals von Radio und Fernsehen trug der erste Bariton des Landes das Gesangstück »Stalin lebt unter uns« vor. Das Jahr 1979 wurde auf Vorschlag Enver Hoxhas und Beschluß des Politbüros zum Stalinjahr erklärt. Zwischen Januar und Dezember fand in Albanien eine Festivität nach der anderen statt. Kein einziger Albaner, von den Kindern (Pionieren) bis zu den Greisen (Veteranen), durfte dabei beiseite stehen. Die ganze Welt sollte sehen, wie wir das Jahrhundert des »großen Marxisten-Leninisten, Führers der Bolschewistischen Partei, des Sowjetstaats und des gesamten internationalen Proletariats, des großen Freundes und entschlossenen Unterstützers des albanischen Volkes und des Sozialistischen Albanien« (siehe das Albanische Enzyklopädische Wörterbuch, erarbeitet von der Akademie der Wissenschaften der Sozialistischen Volksrepublik Albanien und 1985 in Tirana veröffentlicht) zu feiern verstanden. Im selben Jahr ließ Enver Hoxha in englischer, französischer, spanischer und russischer Sprache seine Erinnerungen »Begegnungen mit Stalin« herausgeben. Außerdem ordnete des Politbüro eine Neuauflage sämtlicher Werke von Stalin in albanischer Sprache sowie die Übertragung von fünf Bänden ausgewählter Werke ins Englische, Französische und Spanische an. Die Kosten für Übersetzung und Druck sowie die Verbreitung in der ganzen Welt hatte die albanische Wirtschaft zu tragen, die ein Jahr nach Einstellung der chinesischen Hilfen in raschem Tempo auf die Katastrophe zusteuerte.

Für Enver Hoxha und seine Mitarbeiter war Stalin nicht nur der Doktrinengeber, nach dessen Lehren das gesamte albanische Leben modelliert war. Für sie war Stalin zu einer wahren Obsession geworden. Dies setzte sich auch nach Hoxhas Tod im April 1985 fort. Im April 1990 ordnete die albanische Regierung (das heißt das Zentralkomitee der Partei der Arbeit) erstmals keine Gedenkfeiern zu seinem Todestag an. Die Umwälzungen in den Ländern des Ostens im Herbst zuvor, vor allem der rumänische Dezember, hatten das albanische diktatorische Regime in Todesangst versetzt. Sie hatten ihre Spuren auch in Albanien hinterlassen. Im Mittelpunkt standen gerade die Stalin-Symbole. Eine Gruppe von mehreren hundert Jugendlichen versuchte im Januar 1990 in Shkodra, sein Denkmal im Stadtzentrum zu stürzen. Die Schlinge lag ihm bereits um den Hals. Etwa zwan-zig Personen wurden verhaftet, darunter ein bekannter Fußballspieler und ein eben aus dem Gefängnis entlassener Priester. Am 21. März 1990 gab Ismail Kadare »Zëri i Rinisë« ein Interview. Er sprach über Buzuku, einen Mönch aus dem frühen 16. Jahrhundert, der nicht nur Dichter war, sondern auch der erste albanische Bibelübersetzer. Kadare nannte ihn den »ersten Koloß der albanischen Zivilisation, dessen Büste vor die Albanische Akademie gehört«. Diese Äußerung wurde als Anspielung verstanden. Vor der Albanischen Akademie stand bereits eine Büste: die von Stalin. Kaum zwei Wochen nach dem Interview wurde abends an dem großen Stalin-Denkmal am Boulevard der Helden der Nation eine selbstgebastelte Bombe gezündet. Man hatte das betreffende Standbild nicht nur deshalb ausgewählt, weil es das größte aller Stalin-Denkmäler der Hauptstadt war, sondern auch, weil es vor dem Hotel »Dajti« stand, der üblichen Schlafstätte für Ausländer, deren Aufmerksamkeit man damit zu erregen hoffte. Natürlich war das Denkmal robust genug, um der Explosion einer Amateurbombe standzuhalten. Dennoch verfehlte der Akt seinen Zweck nicht: Stalin selbst wie auch jene, die ihn unter allen Umständen am Leben zu erhalten trachteten, erlitten innere Verletzungen. Die Wunden wurden noch vertieft durch eine ähnliche Bombe, die damals in der Buchhandlung »Flora« hochging, wo ausschließlich Bücher Enver Hoxhas und der Klassiker des Marxismus-Leninismus verkauft wurden.

Daß Stalins Todestag im April 1990 dem Schweigen anheimgegeben wurde, lag also keineswegs an der Vergeßlichkeit der »Genossen vom Zentralkomitee«. Vielmehr hoffte man, dadurch zu erreichen, was man weder durch Verhaftungen noch durch die heimliche Bewachung seiner Standbilder geschafft hatte. Ausländische Beobachter nahmen diesen Traditionsbruch wahr, und sie wollten darin den Beginn einer Distanzierung des albanischen Regimes vom sowjetischen Diktator erkennen. Das Gegenteil war der Fall. Ramiz Alia und seine Mitarbeiter reagierten besorgt auf die Kommentare, die ihr treues Festhalten an der von Enver Hoxha ein für allemal festgelegten Linie in Frage stellten. Eilends, innerhalb von zwei Wochen, wurde der Fehler korrigiert. Am 9. Mai, anläßlich des 45. Jahrestags des Sieges über den Faschismus, hatte man die Gelegenheit, Stalin, dem Erretter der Völker und Strategen der Volksmacht, im Leitartikel von »Zëri i Popullit« die üblichen Elogen auszubringen, und man erneuerte den Schwur, die albanischen Kommunisten und das ganze albanische Volk würden seine unsterblichen Lehren niemals verraten. Stellt sich unvermeidlich die Frage, wessen Gewissen die Steuermänner in Tirana damit beruhigen wollten.

Das der Bevölkerung sicher nicht. Man alarmierte das gepeinigte albanische Gewissen nur noch mehr. Die »Führer« wußten noch nicht, wie es ist, wenn bei der Bevölkerung der letzte Geduldsfaden reißt. Sie sahen es dann in der zweiten Dezemberwoche. Jetzt versuchten sie voller Entsetzen, ein wenig Schminke aufzulegen, als sei das Ganze bloß eine Theatervorstellung, in der Hoffnung auf Zeitgewinn, um sich der neuentstandenen Lage anzupassen. In einer panischen Reaktion trat am 20. Dezember, also nur neun Tage nach dem Sieg des Pluralismus und der Gründung der Demokratischen Partei, der Generalrat der Demokratischen Front Albaniens zusammen und entsprach der »Bitte« der Präsidentin dieser Organisation, Nexhmije Hoxha, sie von ihren Aufgaben zu entbinden. Das Wort »Rücktritt« war in Albanien ja unbekannt. Niemand hatte damit gerechnet, daß der Slogan »Enver – Hitler«, den die Studenten bereits bei ihrer ersten Demonstration skandiert hatten und der dann in den Tagen danach von Zehn-, ja Hunderttausenden aufgegriffen worden war, »dort oben« so schnell Wirkung zeigen würde. Nexhmije Hoxha wurde durch Adil Çarçani ersetzt, der noch Premierminister blieb. Er persönlich und die von ihm geführte Regierung hatten mittlerweile eine Ohrfeige erhalten, die nicht so schnell in Vergessenheit geraten würde. Wenn man ihm nun ein solches Amt übertrug, war dies ein Hinweis darauf, daß man ihn bald aus den vordersten Linien der politischen Szene zurückziehen wollte. Jeder wußte, daß Nexhmije Hoxha keineswegs aus freien Stücken das Feld geräumt hatte. Die apologetischen Reden von Frau Hoxha und Çarçani, den die Partei aus diesem Anlaß noch einmal zu einem der Schüler und treuesten Mitarbeiter der Genossen Enver und Ramiz erklärte, während er in der Bevölkerung inzwischen »Tao-Tao« gerufen wurde, nach dem putzigen Bären der deutschen Zeichentrickserie, die damals im Tiranaer Fernsehen gezeigt wurde, diese beiden apologetischen Ansprachen also wurden tags darauf, am 21. Dezember, auf den Titelseiten aller Tageszeitungen abgedruckt.

Der 21. Dezember 1990 fiel mit dem 111. Geburtstag von Josef Wissarionowitsch zusammen. Nicht nur, daß die beiden »hervorragenden Führer der Partei der Arbeit« den Namen Stalins nicht in den Mund nahmen, noch nicht einmal Enver wurde erwähnt, obwohl es sich bei den beiden Personen des Tages um seine »Gattin und engste Mitkämpferin« und einen seiner eifrigsten »Schüler« handelte. Beide vergaßen indessen nicht, den »Genossen Ramiz Alia, den Ideengeber und Verwirklicher« der Demokratisierung in Albanien, in den Himmel zu heben und die Bevölkerung aufzurufen, ihm zu folgen. Die beiden wußten genau, daß Ramiz Alias Führung sich von der Führung Enver Hoxhas nicht unterschied. Und dies war mehr als ein Trost für sie. Die Bevölkerung hatte indessen gute Gründe, ihm nicht zu folgen.

Was aber sollte aus Stalin werden?

Die Menschen hatten inzwischen ganz anderes im Kopf als Standbilder. Sie meinten, es sei endlich an der Zeit, sich mit den Lebenden zu befassen. Stürzte man erst die Lebenden von ihren Sockeln, war es auch um die häßlichen Schatten der Toten geschehen. Auf Kundgebungen wurde die Forderung erhoben, Ramiz Alia, Nexhmije Hoxha und das gesamte Politbüro als die Schuldigen an der fünfzigjährigen nationalen Tragödie vor Gericht zu stellen. Die »Überlebenden« hatten noch die Kraft, sich zu halten. Nicht nur, daß der Chef der Abteilung chemische Waffen im Verteidigungsministerium eiligst nach China entsandt wurde, um etwas von dem Gas herbeizuschaffen, das im Juni 1989 auf dem Tienanmenplatz gegen die Studenten eingesetzt worden war, man führte zugleich auch ungewöhnliche Säuberungen durch. Auf dem ZK-Plenum vom 11. Dezember setzte man fünf Politbüromitglieder ab, also jedes dritte. Diesmal waren es nicht die Liberalen, die aus dem Prokrustesbett fielen. Anders als früher traf der Blitz diejenigen, über die in der Bevölkerung am meisten gelacht wurde, also die »aus dem Schoß der Arbeiterklasse hervorgegangenen« Führer. Am 20. Dezember wurde »auf eigenen Wunsch« Nexhmije Hoxha in Rente geschickt, was nach kommunistischer Gepflogenheit die Absetzung von Premierminister Çarçani ankündigte. Am 21. Dezember beschlossen das Politbüro und gleich darauf die Regierung die Entfernung aller Stalin-Symbole.

Beschluss des Ministerrats der SVRA

Auf Vorschlag des Politischen Büros des Zentralkomitees der PAA und im Hinblick auf die Veränderung der historischen Bedingungen, unter denen in unserem Land die Beschlüsse zur Ehrung J. W. Stalins gefaßt worden sind, beschloß der Ministerrat der SVRA:
1. Der Name und die Symbole J. W. Stalins werden den staatlichen Unternehmen, Objekten und Institutionen genommen, die seinen Namen tragen.
2. Was die landwirtschaftlichen Genossenschaften und Wohnzentren anbetrifft, die den Namen J. W. Stalins tragen, so entscheiden dort die Bewohner nach den geltenden Gesetzen selbst.
Dieser Beschluß tritt sofort in Kraft.
Der Ministerrat
Tirana, den 21. 12. 1990

Wie aus dem Text des Kommuniqués ersichtlich wird, wollten sie sich endlich ihrer unvorteilhaftesten Eigenschaften entledigen, besaßen aber weder genug Klugheit noch Mut zur Selbstkritik oder hatten schlicht keine Lust, die Dinge so zu sehen, wie sie waren. Kein kritisches Wort begleitete die am 21. Dezember abgesetzten Politbüromitglieder. Die Lösung des Problems Nexhmije Hoxha suchte man im »Rückzug aus Altersgründen«. Bei Stalin beschränkte man sich auf die Behauptung, die historischen Bedingungen hätten sich verändert. Im Fernsehen wurde erklärt, die Beziehung zu Stalin sei nur konjunkturell bedingt und von kurzer Dauer gewesen, nachdem Albanien Ende der vierziger, Anfang der fünfziger Jahre in eine gefährliche Konfrontation mit Tito geraten war, der es als siebte Republik Jugoslawien hatte einverleiben wollen. Damals, so hieß es, sei uns Stalin als Retter zur Seite gesprungen. Man drückte sich also um die Wahrheit. Offenbar meinte man »dort oben«, das Volk habe sein Erinnerungs- und sein Urteilsvermögen restlos eingebüßt. Die albanischen Kommunisten »verband mit Stalin nichts außer der politischen Konjunktur«. Aber als man die Entfernung seines Standbilds vom Boulevard der Helden der Nation anordnete, hielt man das Ganze bis zum nächsten Tag, dem 22. Dezember, geheim. Weshalb? Es gibt hundert Mutmaßungen. Die Straßen waren an diesem Tag dicht bevölkert. Die Menge hätte das Denkmal bei der Entfernung vielleicht geschändet. Gewiß war die eigene Angst maßgeblicher als das Mitleid mit dem unglücklichen Genossen Stalin, dessen bronzenem Leib womöglich Schande angetan wurde, aber man bedauerte ihn trotzdem. Bei allem, was die »Genossen« vom Politbüro taten, gingen sie nun vom Prinzip aus, zu retten, was zu retten war. Stalin gegenüber stand Lenin, dem das nämliche Schicksal drohte. Am gleichzeitigen

Verlust zweier Klassiker hätten die albanischen Kommunistenführer schwer zu tragen gehabt.

Man darf nicht vergessen, daß sich der Sitz des Zentralkomitees der Partei der Arbeit Albaniens nur fünfhundert Meter entfernt befand. Im Taumel der Wut hätte die Menge kein Ende gefunden, ehe nicht auch dieses seit so vielen Jahren von so vielen Menschen aus tiefstem Herzen gehaßte Gebäude in Flammen stand. Es flankierte überdies den Hauptzugang zu den Führerresidenzen, dem BLOCK, wo sich die Verantwortlichen für die letzte albanische Katastrophe in ihren Luxusvillen verkrochen hatten. Die Menge befand sich inzwischen so in Rage, daß sie sich mit dem Sturz von Denkmälern nicht mehr zufriedengab.

Es wäre also durchaus ihr Herzenswunsch gewesen, Stalin noch einen letzten öffentlichen Beweis der Treue zu liefern, doch ein ausgeprägter Selbstschutzinstinkt trieb sie dazu, vom Großen Bruder in aller Stille Abschied zu nehmen. Sie hätten diesen Abend gerne so verbracht, wie ER es ihrer Überzeugung nach verdient gehabt hätte: seinen Geburtstag feiernd. Die böse Koinzidenz machte ihnen Gewissensbisse. War es gar göttliche Rache, daß er ausgerechnet an seinem Geburtstag am Stahlseil eines Kranes zu hängen kam? Stalin wäre an diesem Abend 111 Jahre alt geworden. Auch diese Zahl verhieß nichts Gutes. Standen die Sterne in ungünstiger Konstellation?! Gott schütze uns! Väterchen Stalin, wir können nichts mehr für dich tun. Vergib uns unsere Ohnmacht!

Kadares Anspielung in »Zëri i Rinisë« vom 21. März 1990 war auf die heftige Reaktion einiger im Politbüro bei ihren »Begegnungen mit dem Volk« gestoßen. Gleichwohl saßen schon wenig später die »Stadtplaner« über den Plänen für eine breite Straße ausgerechnet dort, wo die Stalin-Büste stand. Die Akademie hat ihren Sitz im Königspalast der Vorkriegszeit, und man kann sich vorstellen, was für ein schöner Park da mutwillig zerstört wurde. Die »Architekten« hatten dennoch befunden, daß sie auf diese Straße unmöglich verzichten konnten, auch wenn sie völlig nutzlos war. Der Park mit seinen jahrhundertealten Bäumen wurde kaltlächelnd der Grablegung eines Heiligen geopfert. Eine Straße zur Ehrenrettung der Partei. Kein Mensch konnte jetzt behaupten, ein Schreiberling oder ein »Haufen Rowdies« hätten die Partei oder den Genossen Ramiz in die Knie gezwungen. Wenig später führten »städtebauliche Maßnahmen« auch zur Ausquartierung einer Kopie dieser Büste aus dem Zentrum von Shkodra. Jene, die sie im Januar zu stürzen versucht hatten, mußten ihre Strafen nicht bloß im Mai und Juni, sondern auch noch im Dezember, nach dem Regierungsbeschluß über die Entfernung der Stalin-Symbole, absitzen. Sie wurden erst Ende Januar 1991 auf freien Fuß gesetzt, nachdem die Demokratische Partei, das Forum für die Verteidigung der Menschenrechte und die breite Öffentlichkeit nachhaltig Druck ausgeübt hatten.

Jetzt, im Übergang vom Herbst zum Winter 1990, blieb keine Zeit mehr, die Stadtplaner ins Spiel zu bringen. Der Abbau des Denkmals begann am späten Abend des 21. Dezember. Es war eine finstere Nacht mit Nieselregen. Ein Abend wie dieser hätte Stalin und seinen Schülern gefallen, um »Klassenfeinde« zu massakrieren. Der erste meiner Freunde, der von dem Ereignis Wind bekam, war Neshat Tozaj, der am späten Nachmittag bei Hekuran Isaj im Büro war. Neshat konnte gerade noch Kujtim Çashku benachrichtigen, der ein Telefon hatte. Die »Genossen des Zentralkomitees und der Regierung« wollten die ganze Sache unbedingt geheimhalten und hatten deshalb noch nicht einmal einen Kameramann gerufen. Es blieb bei ein paar Dutzend zufälliger Schaulustiger. Der eisige Nieselregen, das gelbliche Licht des Scheinwerfers und der Schweißgeräte, das Brummen der Autokräne und die grotesken Silhouetten der Menschen, die sich Jacken oder Plastiktüten über den Kopf gezogen hatten, all dies gab der Szene einen surrealistischen Anhauch. Als unentbehrliche Inspizienten der Vorstellung hatten sich eingefunden: der kleine, ziemlich dicke Innenminister und der lange dünne Bauminister. Wie mir Çashku und Tozaj übereinstimmend berichteten, herrschte bei allen tiefstes Schweigen. Als hätte ihnen der Dämon aus den Weiten jenseits des Urals, der dieses leidgeprüfte europäische Volk so lange gequält hatte, um sich am Ende in nichts aufzulösen, den Mund versiegelt.

Beim Anblick des leeren Sockels fragte man sich am nächsten Tag in Tirana, ob Ramiz Alia das Denkmal auch hätte entfernen lassen können, ohne einen Tag vorher Nexhmije Hoxha zu entmachten. Weil er zwei Wochen zuvor, als die Demonstrationen begannen, ein Blutvergießen vermieden hatte, neigten die Menschen, eher vom Gefühl als von der Logik geleitet, dazu, einen gewissen Unterschied zwischen ihm und dem Rest der Führung, besonders aber der Schrecklichen Witwe, zu machen. So mancher neigte dazu, die ganzen Sünden ihr anzulasten. Jetzt hatte der Genosse Ramiz die Hexe in Rente geschickt, und gleich darauf stieß er Stalin vom Thron! Sie hatte ihn daran gehindert. Sie ... Wie hätte wohl jemand Ramiz Alia an etwas hindern können, der sämtliche Fäden der Macht in seiner Hand vereinigt hatte? Manche Leute wollten einfach glauben, daß Ramiz Alia persönlich die Demokratie befördern wollte, wenn auch nicht die Partei, der er vorstand. Aber er würde schon dafür sorgen, die zahllosen aus der Vergangenheit ererbten

Hemmklötze bei ihr aus dem Weg zu räumen. Nach der Ausbootung des grobschlächtigsten Teils des Politbüros, dem Ausschluß von Nexhmije Hoxha aus dem sichtbaren Machtspiel und der Entfernung der Stalin-Symbole erwartete man, daß er nun Hand an den Sigurimi lege. Ohne die Auflösung der politischen Polizei konnte die Demokratie in Albanien nicht in Schwung kommen. Existierte sie weiter, waren die Pensionierung von Frau Hoxha und die Befreiung von Stalins Schatten wertlos, blieben reine Demagogie. Stalin und seine getreue albanische Schülerin würden in Gestalt der »Operativen«, wie man die Offiziere des Sigurimi nannte, weiter umhergeistern. Aus politischer Blindheit oder aus Überzeugung ließ Ramiz Alia die letzte Chance ungenutzt, sich bis zu einem gewissen Grad zu rehabilitieren. Die Illusionen der Menschen verflogen rasch. Tatsächlich machte sich Alia nach allen Seiten hin unbeliebt. Als am 20. Februar 1991 das Enver-Hoxha-Denkmal gestürzt wurde, stand das Personal des Innenministeriums an der Spitze derer, die ihm ankreideten, daß er den »Kommandanten« nicht mit Panzern geschützt hatte.

Um Stalin aus dem Leben Albaniens zu tilgen, reichte natürlich ein Beschluß allein nicht, und wäre er auch von Enver Hoxha persönlich unterzeichnet worden. Erst recht nicht ein Beschluß, der ganz heimtückisch ausgeklügelt war. Unter Punkt 2 hieß es dort, die Bewohner müßten nach den herrschenden Gesetzen selbst über die Umbenennung der nach Stalin benannten landwirtschaftlichen Genossenschaften und Siedlungen befinden. Solche Gesetze gab es überhaupt nicht. In den amtlichen Verlautbarungen fing man an, von Stalinstadt wieder mit seinem alten Namen Kuçova zu sprechen. Viele Bewohner der Stadt erlebten dies fast als persönliches Drama. Vergeblich klammerten sie sich an die Klausel des Regierungsbeschlusses und forderten ein Referendum. Die Regierungsbeamten hörten zu, gaben ihnen unter vier Augen recht, aber an den öffentlichen Mitteilungen änderte sich nichts. Man schrieb nicht Stalinstadt, sondern Kuçova. Für ein Referendum hatte man keine Zeit. Aber auch diese Doppelzüngigkeit im Umgang mit den Bürgern von Kuçova in den letzten Dezembertagen und im Januar hatte ihren Grund. Die kommunistische Führungsspitze wollte mit einem Trick erreichen, daß der Name Stalinstadt mit der Partei der Arbeit verknüpft blieb.

In Albanien war bereits 1946 damit begonnen worden, auf Dorfebene landwirtschaftliche Genossenschaften zu gründen. Später schloß man sie nach chinesischem Vorbild immer weiter zusammen, bis sie manchmal ganze Regionen mit Dutzenden von Dörfern umfaßten. Im Herbst 1990 begann man damit, sie durch Aufteilung wieder in den ursprünglichen Zustand zurückzuversetzen, weil man sie auf diese Weise vor der völligen Auflösung hoffte retten zu können. Auch nach Einführung des Pluralismus wurde noch einige Monate damit fortgefahren. Die machthabenden Kommunisten nahmen das Programm der Demokratischen Partei zur Privatisierung der gesamten Wirtschaft noch nicht ernst. Sie gingen weiter mit der Parole hausieren, in Abkehr von ihrem Modell gebe es für die albanische Landwirtschaft keine Zukunft, und riefen unentwegt zur Stärkung der Kooperativen auf. Der Journalist Faruk Myrtaj veröffentlichte eine Reportage, die zum Lachen und zum Weinen gleichermaßen war. Eine der Genossenschaften mit Namen »J. W. Stalin« sollte in Tochterbetriebe aufgegliedert werden. Um die Aufteilung des Landes gab es keinen Streit, man hielt sich an die Grenzen, die den Alten noch erinnerlich waren. Auch in das Vieh, die Baumwiesen und das Arbeitsgerät teilte man sich in bestem Einvernehmen. Der Streit brach aus, als entschieden werden sollte, welche der Töchter den Namen der Muttergenossenschaft tragen sollte. Alle beanspruchten ihn für sich, weil die Parteiorganisation eines jeglichen Dorfes auf stur schaltete. Nach kräftezehrenden Debatten fand man die Lösung: Es konnte ja nur von Vorteil sein, wenn in Zukunft jede der Töchter den Namen »J. W. Stalin« trug. Damit wäre dann die ganze Geschichte erledigt gewesen, hätte es nicht die Stalin-Büste im Zentrum der Muttergenossenschaft gegeben. Wer sollte sie bekommen? Jedes Dorf meldete seine Ansprüche an. Der bloße Dialog reichte nicht mehr aus, um die Verwirrung zu beseitigen. Die Bauern standen auf und bekriegten sich mit Heugabeln und Sensen, um Stalin zu entführen, jeder in sein Dorf. Und dies ereignete sich nicht zu Beginn der fünfziger Jahre, sondern in den letzten Wochen des Jahres 1990.

Wie sollten denn diese Bauern und viele andere albanische Bürger, in deren Schlafzimmern noch Fotos von Stalin und Enver Hoxha hingen, beide in Generalsuniform, damit zurechtkommen, daß die Partei Hackfleisch aus dem Idol machte, das sie ihnen selbst ins Herz gepflanzt hatte? Es ist den Albanern immer schon leichter gefallen, Idole aufs Podest zu heben, als sie zu stürzen, selbst wenn es falsche Idole sind.

2.

Dunkle Wolken drücken auf die Welt,
O du, unser Lehrer, Lenin!
Doch unser Schwert bleibt scharf,
Die Diktatur des Proletariats.
So wisse, Lenin,
Du bist nicht tot und wirst nie sterben,
Solange es Albaner gibt auf dieser Erde.
Das Banner, dich, hält hoch erhoben
Enver Hoxha mit den Adleraugen,
Den Leninismus, welcher sieghaft
Sein Licht auf alle Völker wirft.
(Albanisches Volkslied des Sozialistischen Realismus)

Lenin blieb bis Mitte Juni 1991 auf seinem Sockel, ein gebrechlicher, tauber und stummer Opa, an den sich seine Enkel immer seltener erinnerten.

Von dem Dezembersturm, der Stalin wegfegte, blieb er verschont. Sein Name wurde auf den Kundgebungen gar nicht erwähnt, als habe er mit seinem georgischen Schüler so wenig zu tun wie mit Enver Hoxha.

Die zweite Woge, die den Gottmenschen Enver Hoxha wegspülte, ließ ihn wieder unbehelligt. Die Menge von fast hunderttausend Menschen, die am Mittag des 20. Februar von der Studentenstadt zum Skanderbegplatz hinabzog, marschierte direkt an ihm vorbei. Keiner würdigte ihn auch nur eines Blickes. Keiner ging mit der Hacke auf ihn los.

Die dritte Sturmflut im Mai 1991 dauerte Wochen, war aber relativ ungefährlich für ihn. Sie galt den Lebenden. Die Kommunisten, die Sieger der Wahlen vom 31. März, bildeten eine Regierung unter Fatos Nano. Der Widerstand gegen sie begann mit dem Hungerstreik von rund hundert Kumpeln des Kohlebergwerks von Valias, die sich unter Tage verbarrikadierten, und griff dann schnell auf Tirana und alle übrigen wichtigen Städte über: Durrës, Shkodra, Vlora, Korça. Hunderttausende, und zwar fast alles Arbeiter, die eigentlich eine starke Waffe in den Händen der Partei der Arbeit hätten sein müssen, verlangten unter Einsatz des eigenen Lebens, daß die Verkörperung »ihrer Staatsmacht« von der Bildfläche verschwand. Verwunderlicherweise richtete sich der Zorn wieder nicht gegen den Begründer des Sowjetstaats. Anfang Juni hatten die Streikenden ihr Ziel erreicht. Die kommunistische Regierung kapitulierte bedingungslos. Die Regierung der Nationalen Stabilität wurde eingerichtet, an der auch die Oppositionsparteien teilnahmen. Die Demokratische Partei bekam das Amt eines der Vizepremiers, der zugleich Wirtschaftsminister war, und sechs weitere Ministerien, darunter das Verteidigungsministerium. Dieser Erfolg beschwichtigte die Massen einigermaßen. Die Ferienzeit nahte, und die wunderschönen Strände an der Adria und am Ionischen Meer lenkten die Menschen ein wenig von den Streiks und Kundgebungen ab. Wandte man seine eigene Methode an, den Gang der Geschichte vorauszuschauen, dann ergaben sich daraus starke Gründe für die Annahme, daß Lenin noch einige Monate ungeschoren bleiben würde.

Warum hatten die Blitze des Volkszorns in dieser Phase tiefgreifender Umwälzungen noch nicht Lenin getroffen?

Der Hauptgrund dafür ist meiner Meinung nach in der Haltung zu suchen, die Enver Hoxha und die Partei der Arbeit Lenin gegenüber eingenommen hatten. Heimlich, still und leise hatte man Lenin fast der Vergessenheit anheimgegeben. Für den kommunistischen Clan, der Albanien regierte, war er eher der Doktrinengeber der Staatsmacht der Diktatur des Proletariats, weniger der praktische Umsetzer, obwohl dies nirgends offen ausgesprochen wurde. Die Tatsache, daß er die Revolution durchgeführt hatte, war nicht genug, um an dieser Beurteilung etwas zu ändern. Hatte nicht Lenin selbst die These aufgestellt, es sei leichter, die Macht zu ergreifen, als sie zu behalten? Das war offenbar der Grund dafür, daß Enver Hoxhas Sympathien eher Stalin galten. Außerdem hatte Lenin einen dicken Fehler begangen. Er hatte Stalin in seinem Testament nicht als Erben eingesetzt, ja, sich sogar dahingehend geäußert, daß er wegen seines rüden Charakters auf keinen Fall als Nachfolger in Frage käme. Unglücklicherweise war dieses Dokument Ende der fünfziger Jahre auch in albanischer Sprache veröffentlicht worden, als die Partei der Arbeit, wenn auch nur für kurze Zeit, wie die gesamte kommunistische Bewegung der Spur folgte, die Chruschtschows Bericht über Stalins Personenkult gezogen hatte. Mit einem Wort: Lenin war zu zimperlich, als daß er Enver Hoxha zum Vorbild hätte dienen können. Modelle nützen in der Politik durch die Erfahrung, die sie enthalten. Daß Chruschtschow Lenin unangetastet ließ, bestärkte die albanische Führung noch in ihrer Überzeugung, daß sie zwischen ihm und Stalin zu Recht einen Unterschied machte. Mitte der achtziger Jahre kam in der Sowjetunion Gorbatschow an die Macht und stützte den Beginn der Perestroika ausgerechnet auf Zitate aus Lenins Werken. Die Häupter in Tirana kamen erst 1990 auf diese List. Damals begann man auf den Plenartagungen des Zentralkomitees wieder, sich auf den Vater der Revolution zu beziehen, und zwar als theoretischen Beistand für das Machwerk, das diese Partei für eine Wirtschaftsreform ausgab, in der Hoffnung, der Höchststrafe zu entgehen, wie sie die

Schwesterparteien in den anderen osteuropäischen Ländern erhalten hatten. Aber es war schon zu spät.

Bis zum Schluß war der »arme« Lenin vor allem ein Denkmal zur Komplettierung der kommunistischen Szene in Albanien. Gewiß hätte er noch einige Monate lang vor sich hin gerostet, wäre nicht der amerikanische Außenminister Baker nach Tirana gekommen. Man befürchtete in unserer Hauptstadt, er werde auf jeden noch so kümmerlichen Überrest des Dekors von einst empfindlich reagieren. Ich würde sagen, daß diese Meinung gleichermaßen im Kopf des Präsidenten Alia wie des Mannes auf der Straße sproß. Man mußte alles tun, um Bushs engem Mitarbeiter zu gefallen. Trotz der umfassenden Papierkrise fand man, ich weiß nicht wie, eine Möglichkeit, über hunderttausend amerikanische Fähnchen zu fabrizieren (und fast keine albanischen.) Der Chef der Stabilitätsregierung bat in seiner Furcht, nicht den Ton des Freundes von der anderen Seite des Ozeans zu treffen, einen der Minister der Demokratischen Partei, die Rede zu verfassen, die er auf dem Skanderbegplatz vor annähernd dreihunderttausend Menschen halten wollte. Es wurde genügend Karton und Farbe für viele tausend große Begrüßungsschilder in englischer Sprache aufgetrieben. Und ein paar wenige in albanischer Sprache.

Im Zuge der fiebrigen Vorbereitungen auf den Besuch des hohen Abgesandten des Weißen Hauses kam eine Gruppe von Jugendlichen auf die Idee, auch das Lenin-Denkmal verschwinden zu lassen. Nichts durfte das Auge des Magiers aus Washington beleidigen, der doch gekommen war, um den Albanern das Sprüchlein zu bringen, das den Sesam öffnete. Zunächst befestigten etwa hundert Personen ein Seil an dem Denkmal. Rasch kamen noch ein paar hundert andere dazu. Es wurde gerade Abend. Polizei rückte an. Im Gegensatz zu den Ereignissen, die zum Sturz der anderen Statuen geführt hatten, waren alle bei bester Laune. Die Leute spotteten über den spärlichen Kinnbart von Onkel Wolodja, den die Bolzen, obwohl fast vierzig Jahre alt, noch immer fest auf dem Sockel hielten. Jemand schlug vor, ihm eine amerikanische Fahne in die geballte rechte Faust zu geben.

»Der Imperialismus schickt dir eine kleine Erinnerung, ehe er stirbt«, sagte einer lachend, wobei er wahrscheinlich auf das Buch »Der Imperialismus, das höchste Stadium des Kapitalismus« anspielte, das 1916, also genau vor fünfundsiebzig Jahren, geschrieben worden war und als eines der grundlegenden Werke der kommunistischen Literatur galt. Lenin führt darin aus, wieso der Imperialismus als höchstes Stadium des Kapitalismus seiner Meinung nach Fäulnis und Niedergang bedeutet und damit die Voraussetzungen für die proletarische Weltrevolution schafft.

Die Menschen ringsum lachten. Daß man sein Denkmal ausgerechnet stürzte, um einem der Häupter des Imperialismus eine Freude zu machen, das klang nach zynischer Rache am Begründer dieser Weltsicht im zwanzigsten Jahrhundert. Die Polizisten standen herum, grinsend wie die anderen, als seien auch sie nur da, um das Schauspiel zu genießen. Die Burschen, die an dem Strick zerrten, den man der Statue um den kurzen Hals gelegt hatte, gaben bald müde auf. Die absolute Passivität der Polizei tat dabei wahrscheinlich das Ihre. Sie waren daran gewöhnt, sich wegen der Denkmäler der »hervorragenden Führer des Proletariats« mit der Polizei zu keilen. In solch friedlicher Atmosphäre verlor alles seinen Sinn. So zerstreuten sie sich und danach auch die Menge der Schaulustigen, die weiter Scherze über den Mann riß, von dem Majakowski als der EINS gesprochen hatte, die vor einer Reihe Nullen steht, um eine Million daraus zu machen. Doch noch am gleichen Abend rückte man, gewiß auf Weisung von oben, mit besonderem Gerät an, und der Piedestal des Autors von »Staat und Revolution« war auf einmal leer.

Der Premierminister und der Außenminister, die sich selbst vor gerade einer Woche durch die Umbenennung ihrer Partei in eine »Sozialistische« Absolution vom Kommunismus gegeben hatten, konnten nun vor dem Chef der amerikanischen Diplomatie den Mund voll nehmen, was »Beweise für die Veränderungen in Albanien hin zu Demokratie« anbelangte. Lenins und Stalins leere Sockel, wobei man von letzterem sogar die Marmorverkleidung entfernt hatte, wirkten wie die symbolischen Gräber einer unwiederbringlich vergangenen Zeit.

Die aus gegebenem Anlaß in Tirana angereisten ausländischen Journalisten suchten emsig die Leichname der Denkmäler. Offiziell waren sie zum Einschmelzen gegeben worden. Die Kommunisten hatten demnach die Hoffnung auf Erhaltung ihrer Macht aufgegeben. Doch eine Woche später entdeckte der französische Fotoreporter Michel Setboun nicht nur das eben entfernte Lenin-Denkmal im Lager einer Fabrik, sondern auch den schon vor acht Monaten vom Sockel geholten Stalin. Und Enver natürlich.

Warum hatte man sie aufbewahrt?

3.

So wie die Höhe der Berge am Horizont immer deutlicher sichtbar wird, je weiter man sich von ihnen entfernt, so gewinnen auch hervorragende Männer wie Enver immer mehr an Größe und Bedeutung, je länger die Zeit seit dem Abschied von ihnen wird.
(Ramiz Alia)

Anders als seine Idole Lenin, Stalin und Mao wurde Enver Hoxha nicht einbalsamiert. Während jener Tage im April 1985 erreichten das Zentralkomitee von allen Seiten Telegramme, in denen die Erhaltung der sterblichen Hülle des »größten Mannes, den die albanische Nation in ihrer Geschichte je hervorgebracht hat« (so Ramiz Alia auf der Trauerfeier), verlangt wurde. Seine stoische Gattin Nexhmije, welche der gewaltigen Beisetzungszeremonie für den »teuersten Sohn des Volkes« vorstand, antwortete im Fernsehen:

»Enver hat in seinem letzten Willen verfügt, neben seinen Genossen des gleichen Ideals auf dem Friedhof der Helden der Nation zur Ruhe gebettet und nur von den alten Frauen seiner Heimatstadt beklagt zu werden.«

Bei Hoxha erwachte also am Ende das mythologische Bewußtsein um die eigene Posterität. Er wußte, welche Bewandtnis die Klage der alten Frauen in der albanischen Ethnopsychologie hat, und hoffte so dem schrecklichen Sturz vorzubeugen, der ihm drohte, wenn er nicht mehr selbst vom hohen Thron des Ersten Sekretärs des Zentralkomitees der Partei der Arbeit aus mit dem Finger drohen konnte. Dieser Aberglaube stand einem Diktator, der sein Leben lang darauf aus war, sich zum Gott über sein Volk zu erheben, recht gut zu Gesicht. Ein Testament, das selbst den Bestattungsort und die Form der Klage festlegte, paßte zu ihm. Er hatte nie jemand anderem als sich selbst zugetraut, die Dinge in der Hand zu behalten.

Die Totenklage der alten Frauen aus seiner Heimatstadt schützte ihn nicht. Zu seinen Lebzeiten hatte es nicht wenige Anekdoten über ihn gegeben, teils aus Angst erwachsen, teils wegen seiner magischen Ausstrahlung. So berichtet eine davon, der alte, kranke Enver habe, um sich die Zeit zu vertreiben, einen Märchenerzähler gerufen. Daran gewöhnt, selber zu reden, anstatt anderen zuzuhören, fing er sogleich zu berichten an, wie er Albanien in einen blühenden Garten verwandelt hatte. Der Märchenerzähler hörte lange Zeit geduldig zu, bis er schließlich genug hatte und fragte:

»Hast du mich nun gerufen, um dir meine Märchen anzuhören oder mir deine zu erzählen?«

So begann die Entmystifizierung. Auch er konnte dem Tod nicht entgehen, einem spektakulären und zugleich äußerst gefährlichen Tod, so gefährlich wie das Sterben von Cholerainfizierten. Das Regime war emsig bemüht, dieser Entmystifizierung entgegenzuwirken, um den Fortbestand des Enver-Kults bei der jungen Generation zu gewährleisten. Ramiz Alia ging so weit, seinen tiefsitzenden Minderwertigkeitskomplex dem Ziehvater gegenüber dadurch zum Ausdruck zu bringen, daß er Enver für unersetzlich erklärte. Enver Hoxha regierte Albanien noch vom Grab aus, bis zum 9. Dezember 1990, als die Studenten auf ihren Kundgebungen riefen: »Enver – Hitler!«

Die studentische Jugend hielt also inzwischen von Enver, was er verdiente. Kein Zweifel, ohne die Entmystifizierung der Gestalt Enver Hoxhas hätten die Studenten ihren Schritt nicht vollbringen können. Zu Recht brannten sie darauf, endlich mit allen Kultsymbolen aufzuräumen, weil sie begriffen hatten, daß er, solange er noch auf den Beinen stand, und sei es nur der Form nach, ein ernstes Hindernis für den Fortschritt der Demokratie bedeutete. Doch der Mehrheit der Bevölkerung, vor allem auf dem Dorf, ging der Durchblick der Studenten noch ab. Deshalb fragte man sich in jenen Tagen in der soeben gegründeten Demokratischen Partei, ob es die Studenten nicht allzu eilig hatten. Enver Hoxha so heftig zu bekämpfen, das konnte womöglich eher schmerzhafte Wunden aufreißen, als zur Festigung der Demokratie beitragen. Man mußte die Menschen erst aufklären.

Die Partei der Arbeit wußte besser als jeder andere, welche Finsternis in den Köpfen der »Kinder der Partei« herrschte, und sie verstand es, in ihrem schmutzigen politischen Spiel davon Gebrauch zu machen, bis dahin, daß sie das Land fast in einen Bürgerkrieg trieb. Am 10. Januar 1991 fuhren Sali Berisha und Azem Hajdari zu einer Kundgebung in die Stadt Bajram Curri. Als Dr. Berisha gerade von dem Schaden sprach, den Enver mit seiner Politik des Klassenkampfes angerichtet hatte, trat jemand von hinten an ihn heran, entriß ihm das Mikrophon und schrie:

»In unseren Herzen lebt Enver weiter!«

Das ganze Rudel der militanten Kommunisten hatte nur auf dieses Zeichen gewartet und brach sogleich in den Ruf aus:

»Partei und Enver, wir sind immer bereit!«

Dann zogen sie mit dem Lied »Enver Hoxha, ein langes Leben« auf den Lippen zu dem fünfhundert Meter entfernten Gebäude des Komitees der Partei der Arbeit. In einer albanischen Kleinstadt reicht diese Strecke, um eine Menge von Schaulustigen auf die Beine zu bringen. Beim Gebäude des Parteikomitees wurden auch schon Transparente und große Tafeln mit dem Bild von Enver Hoxha bereitgehalten. Mit Megaphonen versehen, marschierten sie nun durch die einzige große Straße der Stadt und brüllten wie verrückt Parolen und Lieder für Enver Hoxha.

Abends brachte das Fernsehen eine Chronik der »spontanen Kundgebung« in Bajram Curri und verlas ein glühendes Telegramm »der Einwohner an das Zentralkomitee der Partei der Arbeit und ihren Ersten Sekretär, Genossen Ramiz Alia«. Das Telegramm endet mit den Worten: »Wir schwören, ewig der Partei und Enver Hoxha die Treue zu halten und ihre verläßlichen Soldaten zu sein.«

Die Kundgebung der Demokratischen Partei fiel ins Wasser.

Nicht nur das. Das Beispiel von Bajram Curri wiederholte sich über zwei Wochen hinweg in allen Kleinstädten im Norden wie im Süden. Sobald die Demokratische Partei mit einer Kundgebung begann, kam es daneben zum »Ausbruch« einer anderen, »spontanen« Kundgebung zur Unterstützung der Partei der Arbeit und Enver Hoxhas. In der Sprache des Volkes hießen diese Manifestationen bald »Antikundgebungen«.

Um was es sich dabei handelte, war bereits in Bajram Curri deutlich zu erkennen. An der Spitze der »spontanen« Menge, die man am frühen Morgen auf Lastwagen aus den Dörfern herangekarrt hatte, marschierte der Sekretär des Bezirksparteikomitees. Die Kundgebung der Demokratischen Partei war völlig legal. Doch die Polizei unternahm nichts gegen die »spontanen« Störer, vielmehr unterstützte sie in diesem Fall noch die Tätigkeit des Sigurimi, was das Herbeiholen und Instruieren der »begeisterten Anhänger« der Partei der Arbeit anbelangte.

Das Drehbuch zu diesem schändlichen Spektakel konnte

unmöglich im Parteikomitee von Bajram Curri geschrieben worden sein, es stammte fraglos »von oben«. Wenn nicht gar selbst der Autor, so war Ramiz Alia doch auf jeden Fall voll im Bilde. Wieso begann man diesen antidemokratischen Feldzug gerade in Bajram Curri? Aus dieser Stadt stammten drei der wichtigsten Mitschuldigen am Auflösungsprozeß der Diktatur: Sali Berisha, Azem Hajdari, Besnik Mustafaj. Für einige westliche Zeitungen war die Stadt das albanische Temeşvar. Daß »das Volk diesen von den Feinden Albaniens bezahlten Irren selbst spontan« die gebührende Antwort erteilte, und das an ihrem Heimatort, machte in der albanischen und ausländischen Öffentlichkeit großen Eindruck.

Ich konnte nicht mit Berisha und Hajdari zu der Kundgebung nach Bajram Curri fahren, weil ich mit einer auf Magenblutungen in den letzten Dezembertagen 1990 zurückzuführenden starken Anämie im Krankenhaus lag. Für die Ärzte war das Geschwür auf Streß zurückzuführen. Wie mir dann Jugendfreunde erzählten, waren die Menschen in Bajram Curri noch verstört von den Umwälzungen und verhielten sich konfus. Die Hochländer in meiner Gegend sind von Natur aus mißtrauisch und nicht sehr empfänglich für neue Ideen. Und es sind Leute, die etwas auf ihr gegebenes Wort halten. Die intensive Propaganda der Partei der Arbeit, die sie immer wieder »an das Versprechen Enver Hoxha gegenüber« erinnerte, verwirrte sie noch mehr. In dieser Verfassung gingen sie leicht den Manipulationen des Sigurimi und der anderen perfekt arbeitenden Instrumente der Partei der Arbeit auf den Leim.

Im Wissen um diese Verhältnisse hatte ich gar nicht damit gerechnet, daß die Kundgebung der Demokratischen Partei in Bajram Curri die gleiche Begeisterung auslösen würde wie in Tirana oder Shkodra. Auf das, was dann geschah, war ich aber dennoch nicht vorbereitet. Ich weiß nicht, was für ein Teufel in sie gefahren war, aber im Fernsehen boten die Demonstranten für die Partei der Arbeit und Enver Hoxha, von denen ich eine ganze Reihe kannte, ein ziemlich verrücktes Bild. Kaum je in meinem Leben war ich so bedrückt wie an diesem Abend. Unter dem Eindruck der Ereignisse schrieb ich das Gedicht »Zeit der Schmerzen«, das ich gleich am nächsten Tag an »Zëri i Rinisë« gab. Ich wußte, daß man es in Bajram Curri anders aufnehmen würde, wenn es in der »Rilindja Demokratike«, der immer noch einzigen Oppositionszeitung, stand. Ich wollte, daß die Mitbürger in Bajram Curri meine Enttäuschung über ihr Verhalten verstanden. Den Kummer eines Dichters, der, jenseits aller Politik, von der Frage herrührte, ob denn in diesen Menschen, die ich so liebte, der Traum von Freiheit für immer gestorben war.

Zeit der Schmerzen

meiner Geburtsstadt Bajram Curri

Nirgendwo wie hier
Bereiten Menschen mir solche Schmerzen.

So kannte ich sie schon als Kind:
Schlecht gekleidet, schlecht genährt
Aber Märchen erzählten sie glänzend.

Ach, schreit meine Seele,
Wenn sie doch wenigstens Gefangene wären
Der ehrlichen Märchen
Ihrer stolzen Berge!

Ach, weint meine verzweifelte Seele,
die Seele des Dichters, zu dem sie mich geboren,
Soll es denn sein, daß der Statuen trügerische Bronze,
und sei's nur in einem von ihnen,
Den großen Traum von Freiheit töten konnte?

10. 1. 1991

Man kann sagen, daß ich es immerhin schaffte, den Finger auf die Wunde derer zu legen, an die mein Gedicht gerichtet war. Die übelsten Dogmatiker schrieben mir böse Briefe und bemühten sich um ihre Veröffentlichung in der Presse. Sie belästigten meine Eltern, die in Bajram Curri leben. Aber bei den meisten, vor allem den jungen Leuten, zirkulierte mein Gedicht, abgetippt auf der Schreibmaschine, wochenlang.

Trotzdem, die Antikundgebung brachte für die Kommunisten das gewünschte Ergebnis. Sie lieferten damit all ihren Unterorganisationen in den verschiedenen Bezirken das Modell. Und es gelang ihnen, eine Anzahl von Menschen zwecks Verteidigung von Enver Hoxha auf die Beine zu bringen. Und sie provozierten leichtfertig folgenschwere Zusammenstöße zwischen den Menschenmengen. Der Zeitung »Zëri i Popullit« nach zu urteilen, freuten sich die Organisatoren wie die Sieger in einem hinterlistig gewonnenen Duell. Um allen Gefahren aus dem Weg zu gehen, es drohte ja gar ein Bürgerkrieg, sah sich die Demokratische Partei gezwungen, vorübergehend auf Kundgebungen ganz zu verzichten, obwohl sie diese eigentlich dringend brauchte, um sich vor den Wahlen im März den Menschen vorzustellen.

Aber unser Rückzug war die einzige Möglichkeit, ihren Antikundgebungen die Grundlage zu nehmen. Diese hatten inzwischen für ein Klima des kommunistischen Revanchismus gesorgt, das die Führung der Partei der Arbeit gerne wachhalten wollte. Dazu erließ das Präsidium der Volksversammlung am 22. Januar das Dekret Nr. 7459 ÜBER DIE RESPEKTIERUNG UND DEN SCHUTZ DER NATIONALEN HISTORISCHEN DENKMÄLER SOWIE DER STAATLICHEN SYMBOLE, worin es hieß:

> *1. Alle Gedenksteine, Büsten und Denkmäler, die glänzenden Gestalten der Geschichte und Kultur unseres Volkes gewidmet sind, etwa dem Nationalhelden Gjergj Kastrioti Skanderbeg, großen Patrioten der Wiedergeburt wie den Gebrüdern Frashëri, hervorragenden Kämpfern für die Unabhängigkeit wie Ismail Qemali, hervorragenden Persönlichkeiten des Kampfes für die Demokratie wie Fan S. Noli, dem Führer des Nationalen Befreiungskampfes und Begründer des neuen albanischen Staates Enver Hoxha sowie anderen hervorragenden Aktivisten aus der jahrhundertelangen Geschichte unseres Volkes, sind unantastbare Monumente und werden vom Staat durch Gesetz geschützt.*
> *2. Vom Gesetz geschützt sind auch die Gedenksteine, Gedenktafeln, Museen sowie Gräber von im Kampf für die Freiheit und Unabhängigkeit gefallenen Märtyrern, wo immer sie sich befinden, sowie die Nationalflagge, das Wappen und andere Symbole der Republik.*
> *3. Wenn die entsprechenden Handlungen von einer organisierten Gruppe von Personen verübt und von Gewaltakten begleitet sind oder die öffentliche Ordnung beeinträchtigen, verdoppelt sich für die Organisatoren solcher Gruppen und die Täter das Strafmaß.*

Das Dekret, von Ramiz Alia unterzeichnet, wurde gleich am folgenden Tag in »Zëri i Popullit« veröffentlicht.

Jedem war klar, daß den Gedenkstätten des Nationalhelden Gjergj Kastrioti Skanderbeg, der im fünfzehnten Jahrhundert den glorreichen albanischen Widerstand gegen die Osmanen angeführt hatte, keinerlei Gefahr drohte. Gleichermaßen ungefährdet waren auch die Gedenkstätten der Gebrüder Frashëri, Vorkämpfern der Nationalen Wiedergeburt in der zweiten Hälfte des neunzehnten Jahrhunderts. Ebenso die Denkmäler, die an Ismail Qemali erinnerten, der 1912 nach fünfhundert Jahren osmanischer Fremdherrschaft Albanien für unabhängig erklärte. Und schließlich bestand auch für die wenigen Denkmäler Fan Nolis, des Führers der demokratischen Revolution von 1924, nicht die geringste Gefahr. Zweck des Dekrets war es einzig, die zahllosen Enver-Hoxha-Denkmäler zu schützen.

Man war der Meinung, Hoxhas Schutz sei am besten dadurch gedient, daß man die ihn unterstützende öffentliche Meinung wachhielt. Nach dem Erlaß des Dekrets wurden die Antikundgebungen durch eine ebenso hysterische Flut von Telegrammen an Alia abgelöst. Nicht den Präsidenten der Republik Ramiz Alia. Die Telegramme richteten sich an den Ersten Sekretär des Zentralkomitees der Partei der Arbeit Albaniens, Genossen Ramiz Alia. Ich möchte hier aus einem davon zitieren, um zu verdeutlichen, welcher Geist aus ihnen sprach: »Wir verurteilen mit aller Kraft jede Tendenz, die Errungenschaften aus sechsundvierzig Jahren sowie die hervorragende Gestalt des albanischen Volkes, Genossen Enver Hoxha, in Frage zu stellen.« Das Telegramm war unterzeichnet: Das Kollektiv des Kupferbergwerks Kurbnesh, 25. 1. 1991. Das ist die größte Kupfermine des Landes.

»Zëri i Popullit« erscheint vierseitig. Damals ging eine

beispiellose Woge von Ereignissen über Albanien hinweg. Gleichwohl füllte die Zeitung täglich ihre erste Seite mit solchen Telegrammen. Man sieht, wie wichtig sie für die Partei der Arbeit waren. Die Telegramme waren stets von Arbeitskollektiven unterzeichnet, ab und zu auch einmal von Individuen. Dies ist eine übliche Praxis in der bolschewistischen Propaganda, deren Ziel es ist, kollektive Psychosen hervorzurufen und damit einen Lärm zu veranstalten, der weit über die eigenen Kräfte hinausgeht. Derlei Psychosen geben der Führung Entscheidungs- und den militanten Kommunisten Handlungssicherheit, obwohl man weiß, daß der Lärm zum größten Teil reine Irreführung ist. Kollektivtelegramme sind ein Teil der Strategie, mit der diktatorische Regime in der Bevölkerung einen lähmenden kollektiven Schuldkomplex hervorrufen wollen. Man weiß genau, daß diese Telegramme in Wirklichkeit aus den Büros der Parteisekretäre stammen. Die Masse der Arbeiter erfährt davon erst im Fernsehen oder aus den Zeitungen. Dennoch können sich selbst Gegner der Wirkung solcher Manöver nicht entziehen, sondern lassen sich lähmen, einmal mehr, einmal weniger. Sind wir womöglich schuld an einer nationalen Katastrophe? In jenen Tagen wurde dann auch die Forderung, daß die Symbole Enver Hoxhas entfernt würden und Staat und Regierung sich gleichsam als erster Beweis ihrer Hinwendung zur Demokratie von ihm distanzierten, seltener und nicht mehr mit der bisherigen Beharrlichkeit vorgebracht.

Das Resultat war ermutigend für Ramiz Alia. Um den Eindruck abzurunden, daß die Ablehnung Enver Hoxhas durch die Opposition das Land in einen blutigen Bürgerkrieg trieb, fing Alia an, reihenweise Delegationen der »empörten Kollektive« zu empfangen. In Begleitung Nexhmije Hoxhas und in Anwesenheit des Fernsehens begrüßte er sie im Kongreßpalast. Mit trauriger und besorgter Miene stand er da und fuchtelte, wie immer, wenn er in Eifer geriet, beim Sprechen mit den Armen in der Luft herum, als ob er dadurch jedermann von seinem leidenschaftlichen Engagement für das Volk überzeugen wolle. Envers Gegnern galt es zu zeigen: Ich selbst verstehe euch ja ganz gut, aber was kann ich schon ausrichten gegen Envers Fürsprecher? Den anderen zeigte er, daß ganz einer Meinung mit ihnen war und eine Demütigung des »ruhmreichen Kommandanten« nie und nimmer zulassen werde, es aber kühles Blut zu wahren galt. Einer dritten Gruppe der Bevölkerung, den Unentschiedenen, gab er zu verstehen: Ihr seht ja selbst, in was für einer schwierigen Lage ich bin! Keinem kann man es recht machen! Kurz, er wollte sich um jeden Preis die Mütze des Vaters der Nation aufsetzen, der vorausschauend einer Spaltung der Nation entgegenarbeitet. An seiner Seite markierte Nexhmije in Lederstiefeln, als käme sie eben von der Jagd, die souveräne Dame. Immer wieder beteuerte sie mit einem starren Lächeln, wie sehr sie die Worte des »Genossen Ramiz« unterstützte. Ihre Gesprächspartner aus dem Norden und dem Süden sprachen stets mit erhobener Stimme, um zu demonstrieren, wie sehr sie sich durch die Verunglimpfung Enver Hoxhas in ihren nationalen und politischen Gefühlen gekränkt fühlten. Und »Genosse Ramiz« versicherte ihnen:

»Enver Hoxha gehört der Nation. Wir werden die Gestalt und das Werk des Genossen Enver mit allen Mitteln verteidigen.«

Was für ein Affentheater, und alles nur für diese eine Drohung.

Das Kommen und Gehen zog sich etwas zu lange hin und begann schließlich, den gegenteiligen Effekt zu haben, vor allem in den größeren Städten. Der Partei der Arbeit ging es um zweierlei: Alia in den Mythos des Retters der Nation in schwierigen Zeiten zu hüllen, an denen die oppositionellen Kräfte Schuld hatten, die »selbsternannten Demokraten«, und Enver Hoxhas im Schmutz liegende Würde zu retten. Vergangenheit und Gegenwart der Partei der Arbeit sollten bewahrt werden.

Dieses Ziel wurde nicht erreicht. Wie immer, rührten sich zuerst die Studenten. Am Ende der ersten Februarwoche veranstalteten sie auf dem Platz der Demokratie zwischen den Wohnheimen eine Kundgebung und forderten in einer Petition an die Regierung und den Präsidenten, den Namen Hoxhas wieder von der Universität von Tirana zu nehmen. Die Antwort kam postwendend: Über die Symbole Hoxhas muß das ganze Volk entscheiden. Nach den Wahlen findet ein Referendum statt! Die bereits im Herbst auf den 10. Februar terminierten Wahlen waren mittlerweile auf den 31. März 1991 verschoben worden.

Es begann ein Disput zwischen den Studenten auf der einen und dem Präsidenten und der Regierung auf der anderen Seite, der sich im Lauf der Tage zunehmend verschärfte.

Schon von Anfang an war zu erkennen, daß er nicht in gutem Einvernehmen beendet werden würde.

Die Zahl der Studenten auf dem Platz der Demokratie wuchs. Die Kundgebungen dauerten von morgens bis abends ununterbrochen an. Auch die Zahl der »Delegierten« der Partei der Arbeit, des Bildungsministeriums und des Jugendverbands sowie der Offiziere des Sigurimi und der Polizisten wuchs. Die Studenten mußten dazu genötigt werden, ihre Forderung fallenzulassen. Die einen sagten, sie käme zu früh und gefährde den Fortschritt der Demokratie. Andere sagten, sie sei unnötig. Was konnten schon Tote der Demokratie anhaben? Wieder andere behaupteten, eine solche Forderung sei nur Wasser auf die Mühlen der Feinde Albaniens. Aber alle Bitten, guten Ratschläge und Drohungen nützten nichts. Die Studenten erwiderten kurz und bündig, Enver Hoxha sei für sie der Diktator, der Albanien ins Unglück gestürzt habe und deshalb vor der Geschichte zu brandmarken sei. Daß ihre Universität, die einzige im Lande, seinen Namen trug, könnten sie nicht akzeptieren. Und daß man ein Referendum durchführen müsse, ehe ihre Forderung erfüllt werden könne, sei schlicht eine Ausrede. Die Universität hatte ihren Namen nicht durch ein Referendum erhalten, also brauchte man auch keines, um ihn ihr wieder zu nehmen. Allerdings machten sie ein Zugeständnis. Sie erklärten sich einverstanden mit einer Abstimmung unter den Studenten und Professoren der Universität. Innerhalb weniger Stunden wurden unter den rund elftausend Studenten und Professoren der Universität achttausend Unterschriften zugunsten der Forderung gesammelt.

Die Abstimmung wurde für illegal erklärt, obwohl sie unter Leitung einer von den Studenten ernannten Kommission mit äußerster Korrektheit durchgeführt worden war. Daraufhin brachen die Studenten den Dialog ab und kündigten einen Hungerstreik an. Ramiz Alia griff zu seiner letzten Waffe: Durch seine Leute im Bildungsministerium ließ er hinter vorgehaltener Hand eine Neuorganisierung der Universität versprechen, bei der auch der Name Enver Hoxhas verschwinden werde. Aber nur unter der Bedingung, daß es keinen Hungerstreik geben würde. Die Studenten ließen sich darauf nicht ein. Wir wollen keine Tricks, um unser Ziel zu erreichen, antworteten sie. Der gerade und offene Weg ist am besten für die Demokratie.

Ramiz Alia und die Seinen kehrten zu ihren alten Methoden zurück.

Sie spalteten die Studentenkommission. Einen Tag vor Beginn des Hungerstreiks löste sich die sechzehnköpfige Kommission auf, weil eine Mehrheit sich dagegen aussprach. Eine neue, neunköpfige Kommission wurde geschaffen, allesamt entschlossen, bis zum Letzten zu gehen. Sie konnte sich der Unterstützung der Masse der Studenten sicher sein. Mittlerweile hatte auch die Intelligenz im ganzen Land ihr Zaudern abgeschüttelt. Ebenso die Arbeiter. Am entschlossensten waren die Kumpels des Kohlebergwerks von Valias. Am Abend des 14. Februar wurde in den Fernsehnachrichten folgende Mitteilung des Innenministeriums verlesen:

Das Innenministerium gibt der gesamten Öffentlichkeit bekannt, daß die Staatsorgane über hinreichend Informationen verfügen, wonach sich bestimmte Kräfte in destruktiver Absicht darauf vorbereiten, dieser Tage in der Hauptstadt und in anderen Städten ernste Unruhen auszulösen.

Die Informationen beweisen, daß die betreffenden Kräfte Übeltäter und terroristische Elemente aktivieren, die mit Repressionsmitteln wie Feuerwaffen, Sprengstoff, Hieb- und Stichwaffen usw. ausgerüstet sind. Sie haben die Absicht, Anschläge auf die Bürger und das Volkseigentum vorzunehmen, um so die politische Situation im Land zu destabilisieren.

Diese terroristischen und faschistischen Kräfte planen, Versammlungen, Kundgebungen und andere massenhafte Aktivitäten kulturellen und sportlichen Charakters auszunutzen. Unter Mißbrauch des politischen Pluralismus, dieser wichtigen Errungenschaft der Demokratie, versuchen sie mit heimtückischen und hinterhältigen Methoden, dem Volk Schaden zuzufügen und die Massen gegen die Staats-

organe, die Ordnungskräfte und die politischen Parteien aufzuwiegeln. Sie geben kriegstreiberische, brudermörderische und antinationale Parolen aus.
An alle Bürger, Eltern, Aktivisten der politischen Parteien und gesellschaftlichen Organisationen, vor allem aber die Schüler und Studenten ergeht der Aufruf, sich nicht für volksfeindliche Machenschaften und Handlungen mißbrauchen zu lassen.
Die Ordnungskräfte haben Befehl erhalten, sich ihrer Aufgabe zu stellen und ohne Zögern im Sinne der Verteidigung der Legalität, des Lebens der Bevölkerung und der hohen Interessen des Vaterlands aktiv zu werden.

Diese Bekanntmachung erfolgte nur zwei Tage nach einer Rede Ramiz Alias in Vlora. Dort hatte er erklärt:

Niemand hat das Recht, mit den Gefühlen des Volkes zu spielen. Kein zivilisiertes Volk macht die eigene Geschichte schlecht. Ich betone dies vor allem im Hinblick auf die Forderung, der Universität von Tirana den Namen Enver Hoxhas wieder zu nehmen. Niemand, weder eine Gruppe von Menschen noch ein paar Organisationen, haben das moralische und noch weniger das gesetzliche Recht, ihren Willen dem ganzen Volk und dem Staat aufzuzwingen.

Ramiz Alia versuchte mit seinen Äußerungen, das Feuer der Antikundgebungen wieder zu entfachen. Das Volk sollte zum Widerstand gegen die Bestrebungen mobilisiert werden, die Enver-Symbole abzuschaffen.

Als verschlagener Berufspolitiker wußte Alia genau, wer wirklich mit den Gefühlen der Menschen spielte und dem Volk seinen Willen aufzuzwingen versuchte. Der Sigurimi hatte ihn mit Sicherheit darüber informiert, daß die wichtigsten Städte im Lande, in denen auch keine Antikundgebungen zustande gekommen waren – Tirana, Shkodra, Durrës, Korça, Vlora, Kavaja –, zu den Studenten hielten, ebenso wie Tausende von Menschen in anderen, kleineren Städten. Sie machten mehr als sechzig Prozent der Bevölkerung aus. Andererseits wußte er auch um die psychologische Anfälligkeit dieser Menschen und hatte noch eine letzte Hoffnung, sie einschüchtern zu können, indem er Terrorismusangst erzeugte. Die Mitteilung des Innenministeriums war sorgfältig formuliert, damit die albanische Bevölkerung »ja auch begriff«, daß alles Übel von den Studenten ausging.

Diesmal mißlang das Manöver.

Am 15. Februar 1991 schlossen sich 670 Studenten im studentischen Kulturhaus ein. Mehr paßten nicht hinein. Ein paar tausend andere umringten das Gebäude, in dem ihre Freunde einen Hungerstreik begannen. Die Studentenstadt wurde von Polizei eingekesselt, um den Bürgern von Tirana, die noch am gleichen Nachmittag in Scharen hinströmten, den Zugang zu verwehren. Der Fehler vom Dezember sollte sich nicht wiederholen. Am nächsten Tag darauf trafen die ersten Karawanen aus Kavaja ein. Dann aus Durrës, Shkodra und den anderen Städten. Die Polizei war gezwungen, ihren Belagerungsring aufzulösen.

Am dritten Tag herrschte in ganz Albanien Angst. Krankenwagen, deren Sirenen noch grausiger klangen als sonst, fuhren immer öfter zu den hungerstreikenden Studenten hinauf.

Ramiz Alia und die Regierung beharrten weiter darauf, daß die Forderung der Studenten ohne Zustimmung des gesamten Volkes nicht verwirklicht werden könne. Und als »Beleg« dafür, daß der größere Teil der Bevölkerung gegen diese Forderung war, wurde am 19. Februar 1991 in »Zëri i Popullit« eine Botschaft der »Vereinigung Freiwilliger Aktivisten Enver Hoxha« an Ramiz Alia abgedruckt. Darin wurde kundgetan, die Vereinigung habe innerhalb von zwei Tagen fünfhunderttausend Mitglieder gewonnen, und der Zustrom dauere weiter an.

Die Zahlen waren offensichtlich getürkt. Immerhin bestand Grund zur Besorgnis. Vorsitzender der Gesellschaft war ein dichtender Offizier aus dem Verteidigungsministerium. Also ein Mann der Waffen und so exaltierter wie mediokrer kommunistischer Verse. Soviel verblendete Anhänger Enver Hoxhas gab es in Albanien allemal, daß es für die Aufstellung von ein paar schwarzen Schwadronen reichte. Schon eine einfache Analyse führte zur Schlußfolgerung, daß die Partei der Arbeit sich bemühte, Beweise für die »Mitteilung« des Innenministeriums ein paar Tage zuvor beizuschaffen. Aber das war womöglich noch nicht alles. Stimmen ließen sich vernehmen, die von Vorbereitungen auf einen Putsch sprachen. Jemand, der mehr als dreißig Jahre lang Enver Hoxhas Leibwache kommandiert hatte und als heimlicher Exekutor von Nexhmijes Intrigen galt, wurde allenthalben als anonymer Organisator der Vereinigung von Envers freiwilligen Aktivisten genannt. Er kannte sich in der Technik der Eliminierung und der Putsche bestens aus, und es zeigte sich, daß seine »magische« Kraft noch immer ausreichte, um Reservisten zu mobilisieren, zu bewaffnen und mit Lastwagen ins Umland von Tirana zu transportieren.

Offenbar hatte Enver Hoxha noch immer tiefe Wurzeln im Land. Das Gebäude, in dem sich die hungerstreikenden Studenten aufhielten, war Tag und Nacht von Tausenden von Menschen aus ganz Albanien umgeben. Und die Menge wuchs unentwegt. Die Geduld derer, die um das studentische

Kulturhaus wachten, ging schneller zur Neige als die der anderen Seite, die eine ganze Woche verstreichen ließ, ohne eine Äußerung abzugeben. Endgültig vorbei war es mit dieser Geduld am Mittag des 20. Februar 1991. Eine mehr als fünfzigtausendköpfige Menge machte sich auf den Weg zum Boulevard der Helden der Nation. Sie wollte vor dem Gebäude des Zentralkomitees der Partei der Arbeit und dem gegenüberliegenden Regierungssitz eine Kundgebung abhalten. Polizei und Armee gingen mit allen Mittel gegen sie vor, mit Ausnahme von Feuerwaffen. Es gelang ihnen zwar, die Menge vom Boulevard fernzuhalten. Aber sie konnten nicht verhindern, daß sie sich auf den Skanderbegplatz ergoß. Dort waren bald über hunderttausend Menschen versammelt.

Auf diesem Platz erhob sich noch das gigantische Enver-Denkmal, das dann zwei Stunden später durch die Straßen der Studentenstadt geschleift werden sollte. Die Menschen hatten lange genug darauf gewartet, sich den ganzen Haß auf den Diktator von der Seele zu laden. Noch am gleichen Tag, wenn auch unter weniger spektakulären Umständen, wurden auch die Standbilder des »Kommandanten« in Korça und am Hafen von Durrës geschleift. Übrig blieb nur das Denkmal in seiner Geburtsstadt Gjirokastra.

Tags darauf, am 21. Februar, gab das Zentralkomitee der Partei der Arbeit eine mehr als provozierende Erklärung heraus, in der es hieß:

> *Haufen, denen alle Logik abhanden gekommen ist, sind zu Akten des Vandalismus übergegangen. Es gelang ihnen, Denkmäler und Büsten des Genossen Enver Hoxha, des Begründers der PAA und unseres demokratischen Staates, zu stürzen. Damit sind ihre Absichten deutlich sichtbar geworden.*

Was für Absichten?

In den großen Städten, in denen es an diesem Tag zu Kundgebungen gekommen war, hatte es mit Ausnahme des »Sturzes der Büsten und Denkmäler des Genossen Enver Hoxha« keinerlei Akte des Vandalismus zu vermerken gegeben. Es war schier unglaublich, daß eine so von Haß auf Enver Hoxha erfüllte Menge sich allem anderen ringsum gegenüber bis zum Schluß friedfertig verhielt. Keine einzige Scheibe ging zu Bruch. Wer tatsächlich bösartige Absichten hatte, wurde gleich am Tag nach der Erklärung des Zentralkomitees der Partei der Arbeit deutlich. In der Militärakademie »Enver Hoxha« ertrugen einige Studenten und Professoren die Demütigung des Begründers der Volksarmee nicht, dessen Namen man schon viele Jahre vor seinem Tod ihrer Schule verliehen hatte. Bewaffnet kündigten sie an, zum Skanderbegplatz ziehen zu wollen, um das Standbild des »Kommandanten« wieder auf seinen Sockel zu heben. Außerdem veröffentlichten sie eine Petition, in der die unverzügliche Bestrafung derer gefordert wurde, die Enver-Hoxha-Symbole geschändet hatten, widrigenfalls sie die Befehle des Präsidenten, der zugleich auch Kommandeur der albanischen Streitkräfte war, und des Verteidigungsministers nicht mehr befolgen wollten. Später erfuhr man von Leuten, die in diese Geschichte verstrickt waren, daß diese »Revolte« der Militärakademie unter der »Obhut« eben dieses Verteidigungsministers und Politbüromitglieds vorbereitet worden war, hinter dem, wie es überall hieß, Nexhmije Hoxha stand. Beweise dafür, daß auch Ramiz Alia seine Finger im Spiel hatte, gibt es noch nicht. Möglicherweise hatte er auch gar nichts damit zu tun. Letzten Endes war der Militärputsch ebenso gegen ihn gerichtet, weil bei ihm »die erforderliche Befähigung und Entschlossenheit zu vermissen war, die schwierige Situation, die das Land durchmachte, zu beherrschen«.

Der Putsch scheiterte nur deshalb, weil die Militärakademie sogleich von der Bevölkerung Tiranas blockiert wurde. Improvisierte Barrikaden wurden errichtet, und Tausende rührten sich drei Tage und Nächte lang nicht von der Stelle, obwohl auf sie geschossen wurde. Drei Menschen kamen ums Leben, einer wurde verwundet.

Aber der Putsch scheiterte.

Enver Hoxha verschwand auf Nimmerwiedersehen aus Tirana.

Das bedeutete, daß er nach und nach aus ganz Albanien verschwinden würde. Und vor allem verschwand er allmählich aus den eingerosteten Gehirnen der Menschen.

4.

Die Götter steigen vom Olymp

Besonders in den vorangegangenen Jahren hatten wir mehr Angst vor den Toten als vor den Lebenden gehabt.

Stalins und Envers Standbilder waren, soweit man sie nicht eingeschmolzen hatte, in den Winkeln irgendwelcher Depots gelandet, so zerbeult und deformiert, daß man sie kaum wiedererkannte. Das Wunder war geschehen. Die schrecklichen Toten hatten ihre Macht verloren. Endlich waren sie wirklich tot.

Die Angst der Albaner war nicht auf überkommenen Aberglauben zurückzuführen, den die moderne Zivilisation oder auch die marxistische ideologische Gewalt nicht auszurotten vermocht hatten. Sie zeugte vom Ausmaß der Knechtung von Gehirn und Seele des Volkes durch die Diktatur und den Diktator, die auf allen Ebenen der Gesellschaft sichtbar wurde. Tausende einfacher Menschen, Männer und Frauen, Greise und Kinder, erlebten im April 1985 die Beisetzung des Leichnams von Enver Hoxha auf dem Heldenfriedhof als kaum zu verschmerzende persönliche Tragödie und apokalyptischen Verlust für die Nation. Einer der bedeutendsten Poeten verkündete in einer Elegie, er wäre gerne bereit gewesen, Jahre seines eigenen Lebens zu opfern, wenn er dadurch Envers Leben hätte verlängern können. Ramiz Alia, der schon seit Anfang der achtziger Jahre, seit nämlich Enver, an dem alle möglichen Krankheiten und das Alter nagten, unwiderruflich auf dem Weg ins Grab war, Partei und Staat de facto geführt hatte und nun auch de jure seine Stelle einnahm, erklärte Enver Hoxha auf der Trauerkundgebung für unersetzlich.

O tempora, o mores! Die Albaner waren vom Schicksal dazu verurteilt, von der Infektion ihres Gehirns noch für geraume Zeit nicht genesen zu dürfen. Und diese Zeit wurde lang vor allem jetzt, da Gorbatschow die Weltbühne betreten hatte und Bewegung in die versteinerte Geschichte des sozialistischen Lagers kam. Albanien blieb das einzige Land, zu dem Gorbatschows Ideen keinen Zugang fanden. Die Schuld daran trug bis zuletzt Alia, der sich weiter unter dem Schatten Hoxhas krümmte. Im November 1986 hielt er einen Parteitag ab, den er unter das Motto »Kontinuität auf Envers Weg« stellte. Er rief eine Regierungskommission ins Leben, die sich um die Errichtung gewaltiger Enver-Standbilder in Tirana, Korça und Gjirokastra sowie der Museumspyramide in Tirana zu kümmern hatte. In seiner Rede aus Anlaß des 75. Jahrestags der albanischen Unabhängigkeitserklärung am 28. November 1987 zitierte er Enver dahingehend, daß das albanische Volk lieber Gras esse als seine Prinzipien verrate. Außerdem bekräftigte er zum tausendsten Mal mit allem Nachdruck seine Behauptung, Albaniens wahre Unabhängigkeit sei erst verwirklicht worden, als Hoxha die Geschicke des Landes in die Hand genommen habe. Im Oktober 1988, zu Envers achtzigstem Geburtstag, ließ er unter dem Titel »Unser Enver« einen voluminösen Band mit Erinnerungen und Reflexionen veröffentlichen und hielt eine weitere flammende Rede auf dem Skanderbegplatz. Es gibt eine ellenlange Kette von Fakten, die Alias Behauptung widerlegen, er habe alle Anstrengungen unternommen, sich der Verpflichtung von Hoxhas politischem Testament zu entziehen.

Betrachtete man Alias Verhältnis zu Hoxha unter psychoanalytischem Aspekt, käme bestimmt ein äußerst komplizierter Komplex zutage, der nicht einfach als Schüler-Lehrer-Komplex zu klassifizieren wäre. Niemand hatte auch nur den mindesten Zweifel daran, daß Ramiz Envers Platz einnehmen werde. Nach den radikalen Säuberungen zwischen Dezember 1981 und Herbst 1982, von denen der Premierminister, der Verteidigungsminister, der Innenminister, der Außenminister und eine Menge anderer hoher Funktionäre betroffen waren, die fast alle erschossen wurden, blieb kein anderer Thronprätendent mehr übrig. Um so mehr, als ihn Enver bereits drei Jahre vor seinem Tod zum Benjamin ernannt und dafür Sorge getragen hatte, daß er von einem Rudel »Genossen« umgeben war, die zwar den Aufstieg aus der Arbeiterklasse ins Politbüro geschafft hatten, aber nicht über genug Klugheit und Persönlichkeit verfügten, um zu Ramiz in Konkurrenz treten zu können, wenn der erst einmal ohne seinen Tutor war.

Warum erkor Hoxha unter all seinen Mitarbeitern aus der Kriegsgeneration ausgerechnet Alia zum Nachfolger, wohingegen er die anderen nicht nur der Reihe nach von der Macht entfernte, sondern die meisten von ihnen sogar physisch eliminierte?

Es gab die offizielle Version von Alia als treusorgendem Hüter der kommunistischen Ideale der Partei und des Genossen Enver. Eine nichtoffizielle Version war von Funktionären verschiedener Ebenen zu hören. Danach hatte Hoxhas besondere Vorliebe stets Alia gegolten, weil er im Vergleich zu den anderen Politbüromitgliedern wesentlich jünger war. Ramiz Alia selbst berichtet in seinen Erinnerungen, Enver habe ihn gerne zärtlich »Jungchen« gerufen.

Albaniens Geschichte der letzten fünfzig Jahre ist noch nicht ausreichend durchleuchtet. Voreilig wäre die Schlußfolgerung, wer als Verräter bestraft wurde, sei ein ideologischer Gegner Enver Hoxhas oder sein Rivale im Kampf um die Macht gewesen. Oder weder das eine noch das andere, sondern schlicht ein Opfer der Paranoia des Diktators. Auch kann man heute noch nicht sagen, ob Ramiz Alia sein Überleben der Treue zu den Idealen Enver Hoxhas oder gerade dessen Paranoia verdankte. Vor allem gegen Ende der Ära Ramiz Alia kam in den Kreisen der von ihm enttäuschten Intellektuellen die Meinung auf, er habe nur dank seiner beispiellosen Fähigkeit überlebt, sich blitzschnell den Umständen anzupassen und instinktsicher genau das zu tun, was einem unberechenbaren Chef wie Enver gefiel. Es zeigte sich schnell genug, wie richtig diese Ansicht war, die außerdem auch mit der Meinung des Volkes zusammenfiel, das schon wenige Wochen nach Gründung der Demokratischen Partei auf antikommunistischen Kundgebungen rief: »Ramiz – Kaugummi!«

Enver Hoxha war keiner, der sich mit schweigenden Kompromissen seiner Leute zufriedengab. Enver Hoxha war ein Chef, der seine Untergebenen zwang, sich ihre Schuld selbst abzuholen und den schwersten Teil davon freiwillig auf sich zu nehmen. Die Tatsache, daß Ramiz Alia überlebte, und nicht nur überlebte, sondern sogar die Nachfolge antrat, zeugt erst einmal von seiner Fähigkeit, sich zu den Gipfeln der Macht durchzuwühlen. Selbstverständlich war der Aufstieg für Ramiz alles andere als leicht. Es ist von außen unmöglich, sich ein Bild von seinen offenen oder stillschweigenden Arrangements mit Enver Hoxha zu machen, bis er dann sein Vertrauen gewonnen hatte. Ramiz Alia selbst hat sich dazu noch nicht geäußert. Offensichtlich würde er sich damit aber so kompromittieren, daß er sich wohl kaum je zu Wort melden wird. Während seiner gesamten Herrschaft hat er Beweise dafür geliefert, daß diese schweigenden Arrangements so beschaffen gewesen sein müssen, daß sie auf ewig in Envers kaltem Schatten eingeschlossen bleiben. Tatsächlich regierte er Albanien zehn Jahre lang. Sieben davon ohne Envers Aufsicht. In einem diktatorischen Regime stalinistischen Typs sind sieben Jahre genug, und zehn Jahre erst recht, um einen Kult zu begründen.

Ramiz Alia hatte eine besondere Art, seinen Kult zu befördern. Instinkt oder Klugheit sagten ihm, daß die Methoden anderer kommunistischer Diktatoren mittlerweile überholt waren und sich unter dem Strich nur gegen ihn selbst kehren würden. So gab es, anders als bei Enver Hoxha, bis zum Ende seiner Herrschaft nur eine Parole, die direkt ihm galt: »Partei-Ramiz, nichts kann die Einheit erschüttern.« Und einige wenige Lieder, von denen er angeblich nichts wußte, obwohl sie immer wieder im Radio und im Fernsehen gespielt wurden. So wie er angeblich persönlich untersagt hatte, daß auf Versammlungen und Kundgebungen ihm gewidmete Parolen gerufen wurden. Dabei waren die Teilnehmer der Meetings immer gerne bereit, sich am Rufen seines ruhmvollen Namens zu berauschen. Doch noch viel besser gefiel ihnen, daß »der Genosse Ramiz so bescheiden« war. Die Massen wußten noch nicht, welchen Typ von Führer sie brauchten. Aber die »Zurückhaltung« von Envers Nachfolger empfanden sie als erholsam. Die Menschen waren des lauten Geschreis müde. Ramiz vermochte dies auszunutzen, um selbst bei den Intellektuellen die Illusion zu wecken, er sei ein Führer neuen Typs. Das war seine Art, den Kult zu verankern. Leider war seine »Zurückhaltung« nur äußerer Schein. Im Grunde hob er sich nicht von den eingerosteten Strukturen des albanischen Staates der Diktatur des Proletariats ab. Ganz im Gegenteil, dadurch, daß er sich bei allen möglichen und unmöglichen Gelegenheiten auf Enver Hoxha berief, schadete er Albanien sehr, weil er die Bevölkerung daran hinderte, die Demagogie des Diktators, dessen

Nachfolger er war, rechtzeitig zu durchschauen. Mindestens diese Verspätung wird ihm die Geschichte übelnehmen.

Nachdem die bronzenen Gespenster von Stalin und Enver verschwunden waren, kam er an die Reihe. Um endlich Atem schöpfen zu können, mußte Albanien nach den Geistern der schrecklichen Toten erst auch die Schatten der Lebenden vertreiben. Ramiz Alia fehlte der Mut oder die Einsicht, um sich von der Vergangenheit lösen zu können. Bei den ersten Kundgebungen im Dezember 1990 rief die Menge noch seinen Namen, weil sie hoffte, er werde in dieser komplizierten Situation, da das Alte im Todeskampf um sich schlug und das Neue unter ebenso großen Schmerzen geboren wurde, die Rolle des Präsidenten auszufüllen wissen. Auch wir, die wir gegen ihn waren, brauchten in dieser Übergangsphase einen Präsidenten der Republik, der die Interessen aller Albaner verkörperte, um einer Spaltung der Nation oder, noch schlimmer, den drohenden Brudermord zu vermeiden. Rasch war zu erkennen, daß Ramiz Alia dieser wichtigen Rolle nicht gewachsen war. Die Vergangenheit klebte zu stark an ihm, als daß er sich über die engen Interessen der eigenen Partei zu erheben vermocht hätte, und zu einem in die Zukunft schauenden Staatslenker fehlten ihm einfach die richtigen Fühler. Die Folge davon war, daß bereits im Januar auf Kundgebungen der Ruf laut wurde: »Wir wollen Albanien ohne Ramiz Alia.«

Im März 1991, als die ersten freien Wahlen stattfanden, hatte sich bereits die Überzeugung herausgebildet, daß Alia von der politischen Bühne verschwinden mußte. Aber wie? Es gab welche, und zwar nicht wenige, die meinten, der Kommunismus ließe sich ohne Blutvergießen nicht ausrotten. Sie mochten nicht glauben, daß die Partei der Arbeit wirklich freie Wahlen zulassen würde. Und das mit Recht.

Ihr Mißtrauen war in der blutigen Geschichte dieser Partei begründet. Und dann die Aktualität. Entgegen der auf jede demokratische Weise vorgebrachten Forderung der nach dem 11. Dezember 1990 entstandenen Parteien weigerte sich die herrschende Partei, die Kontrolle über die Armee, das Innenministerium, das Justizministerium, die Staatsanwaltschaft und die Gerichte aus der Hand zu geben. Da also in der Realität alle Gewaltorgane weiter funktionierten wie bisher, war eine allzu große Zuversicht auf wirklich freie Wahlen kaum angebracht. Daran litten wir alle. Doch der größte Teil der führenden Mitglieder der Demokratischen Partei, vor allem ihr von Berisha angeführter stärkster Flügel, war gegen Blutvergießen, gegen Gewalt. Man hatte eine Neuauflage des rumänischen Beispiels zu Beginn, als alles noch viel komplizierter war, vermeiden können. Warum es jetzt sich wiederholen lassen? Wir hatten den Kampf für die Demokratie mit demokratischen Mitteln begonnen, und mit demokratischen Mitteln wollten wir ihn zu Ende führen.

Und es gelang. Bis zum 31. März 1991, dem Wahltag, floß kein Blut, wenn die Lage auch sehr gespannt war. Der heikelste Punkt für die Demokratische Partei während des Wahlkampfs war die Haltung gegenüber Alia. Auch wenn die Autorität seiner Partei mächtig gesunken war, so genoß er selbst doch eine gewisse Sympathie, vor allem auf dem Land und in den abgelegenen Städten. Die Partei der Arbeit suchte für ihn den Wahlkreis 208 in Tirana aus. Das war der erste Fehler in ihrem Wahlkampfkonzept. Zum Wahlkreis 208 gehörte das Stadtviertel mit dem zum Museum gewordenen Haus, in dem ein halbes Jahrhundert zuvor die Kommunistische Partei gegründet worden war. Das ganze Viertel war von »Volksfeinden« weitgehend »gesäubert«. Vermutlich war hierin der Grund dafür zu suchen, daß dieser Wahlkreis für den Ersten Sekretär der Partei der Arbeit reserviert wurde. Auch Enver Hoxha war einige Jahrzehnte lang Abgeordneter dieses Wahlkreises gewesen. Da hatte nun zur Folge, daß den Bewohnern des Viertels eine Kontinuität aufgedrängt wurde, die ihnen unangenehm war. Besser als die Führer dieser Partei hatten sie begriffen, welchen Gang die Geschichte inzwischen nahm, und sie wollten nicht zurückbleiben.

Indirekt verlangte man von der Demokratischen Partei, sich aus dem Wahlkreis 208 herauszuhalten. Um ein Beispiel zu setzen, verzichtete die Partei der Arbeit darauf, in Sali Berishas Wahlkreis in Kavaja einen Kandidaten zu nominieren. Die Demokratische Partei wollte sich auf einen solchen Kompromiß nicht einlassen. Um so weniger, als Ramiz Alia selbst der Opposition jede Möglichkeit raubte, ihm zu helfen. Nach wie vor war er eifrig dabei, die Verdienste seiner Partei während ihrer fünfzigjährigen Herrschaft zu rühmen. Auch auf der Kundgebung im Kongreßpalast drei Tage vor den Wahlen und in seiner viertelstündigen Fernsehansprache zum Abschluß des Wahlkampfs präsentierte es sich als glühender Aktivist mit dem politischen Urteil eines Pubertierenden, auf jeden Fall aber als jemand, für den in dem schwierigen Spiel, auf das er sich eingelassen hatte, die eigene Person ohne jede Bedeutung war. Ein echter Märtyrer seiner Partei, deren Stern rapide im Sinken begriffen war. Für sein Opfer erhielt er die verdiente Quittung. Aus der Konkurrenz mit einem in der Öffentlichkeit gänzlich unbekannten Bergbauingenieur ging er, der »Retter« der albanischen Demokratie, hervor wie ein begossener Pudel.

»Glückwunsch!« wandte er sich bei dem Empfang, den er als Präsident zum Abschluß der Wahlen für die Vorsitzenden aller Parteien und die ausländischen Beobachter gab, an Sali Berisha.

»Danke. Glückwunsch auch Ihnen«, gab Berisha zurück.

Nicht daran gewöhnt, daß man ihm mit Ironie begegnete, blieb ein verdutzter Ramiz Alia die richtige Antwort schuldig.

»Warum gratulieren Sie mir?« fragte er mit einem gequälten Lächeln.

»Zum Sieg ihrer Mitstreiter. Das war doch Ihr großes Ziel, oder nicht?« fuhr Doktor Berisha im gleichen Ton fort.

Präsident Alias erneuter Versuch, sich ein Lächeln abzuringen, geriet zur Grimasse. Die Freude am Sieg SEINER PARTEI bei den Wahlen vom 31. März 1991 war ihm erst einmal verdorben. Er war weit zurückgeblieben hinter der Zeit.

»Auch wir wie ganz Europa«

– Die trennenden Mauern reichen nicht bis zum Himmel –

Ein ganzes Volk hörte verwundert, wie seine studentischen Söhne und Töchter im Angesicht wutschnaubender Polizisten riefen: »Auch wir wie ganz Europa!« Was also hatte die ganze Druckerschwärze genützt, die sich sechsundvierzig Jahre lang in Strömen über viele tausend Bücher, Zeitungen, Zeitschriften, Plakate, Bilder, Bühnenbilder und Filmkulissen und Partituren ergossen hatte, um ja nur Europas Gesicht so zu verschandeln, daß es in den Augen des albanischen Volkes einer abstoßenden Vogelscheuche glich? In der langen Einsamkeit seiner Herrschaft hat der Diktator vermutlich oft die Götter verflucht, die ihm die Macht versagt hatten, diesen Flecken balkanischer Erde auch geographisch nach Asien zu verschieben. Er hätte sich dort gewiß wohl gefühlt, irgendwo zwischen den sowjetischen Republiken und China, sagen wir in Höhe der Mongolei. Zwar lieferten ihm die jugoslawischen Nationalkommunisten im Norden und Osten, das Meer im Westen und lange Zeit auch die griechischen Obristen im Süden durchaus guten Schutz, trotzdem drangen Lichtstrahlen von der westlichen Hälfte des Kontinents herüber. Selbst hatte er ja einen beträchtlichen Teil seiner Jugend in Brüssel und Paris verbracht, war nach Italien und in die Schweiz gereist, und die sinnbetörende Wirkung von Dokumenten wie der Menschenrechtsdeklaration, die sich im Verlauf von zwei Jahrhunderten ihrer Existenz den verrotteten Gehirnen der Bürger der ganzen Welt immer tiefer eingeprägt hatte, war ihm sehr wohl bekannt.

Die Abriegelung mußte vollständig, hermetisch sein. Nur dann konnte man den Albanern weismachen, daß sie »im Maul des Wolfes Tänze aufführten«.

François Mitterrand erwähnt in seiner Rede anläßlich der Verleihung des Charlemagne-Preises an Václav Havel eine kleine Bourbonenkirche mit der Inschrift »Die trennenden

Mauern reichen nicht bis zum Himmel«. Auch die Mauern, die uns vom Rest des Kontinents trennten, reichten nicht bis zum Himmel. Schon gleich zu Beginn der Proteste ließ sich erkennen, daß Enver Hoxha und seine Diktatur mit ihrem Vorhaben gescheitert waren, die albanische Seele mit Xenophobie zu verseuchen. Es muß also festgestellt werden, daß der Inhalt dieser Losung, die sich bald in das Leitmotiv für das gesamte politische Leben des Landes verwandeln sollte, eine ganz besondere Bedeutung hatte. Sie drückte aus, welche Richtung Albaniens Zukunft unumkehrbar nehmen würde.

Tatsache ist, daß die Studenten diesen Aufruf zuerst formulierten. Dann der gebildetere Teil der Jugend. Ich habe die Initiatoren der ersten Kundgebungen gefragt, wer als erster auf die Idee gekommen ist, die Losung »Freiheit – Demokratie« um »Auch wir wie ganz Europa« zu ergänzen. Niemand konnte sich erinnern. Diese dem Volkslied vergleichbare Anonymität läßt erkennen, daß der Ruf nicht zufällig kam oder dem politischen Weitblick eines ganz bestimmten Menschen entsprang. Er stammte aus der Akkumulierung der Träume und Hoffnungen eines ganzen Volkes, dessen gegenwärtiges Leben der Gewalt unterworfen ist. Niemand fühlt sich so stark zur Zukunft hingezogen wie der, dem das Heute fehlt. Genau das war bei den Albanern der Fall.

Trotzdem, es stellt sich die Frage, was die Albaner überhaupt von dem Europa wußten, in dessen Schoß sie so ungeduldig strebten?

»Der neue albanische Mensch – das größte Werk der Partei«, wie ihn »Genosse Enver« so oft genannt hatte, war sich den ganzen Tag über, wo immer er sich auch befand, bei der Arbeit oder in der Schule, im Café oder zu Hause, bei Freunden oder im Kreise der Familie, absolut bewußt, daß Europa eine der finstersten Abteilungen der Erdenhölle war, »wo der Mensch barbarisch durch den Menschen ausgebeutet wird. Deshalb wird die Gesellschaft durch unheilbare Krisen zerrüttet, die zwangsläufig zum Triumph der sozialistischen Revolution führen müssen.« »Genosse Enver« war zu der die marxistisch-leninistische Theorie bereichernden Schlußfolgerung gelangt, daß »die Sache der Revolution nicht mehr nur der sehnlichste Wunsch der Völker Europas und der ganzen Welt ist, sondern eine Frage, die zur Lösung ansteht«. Folglich waren die Informationen über Europa, die den amtlichen Medien (und andere gab es nicht) zu entnehmen waren, sorgsam danach ausgewählt, wie sehr sie der Veranschaulichung dieser historischen Schlußfolgerung des »Architekten des neuen Albanien« dienten. Also noch einmal: Solange der Tag hell war, stieß man nur selten, ganz selten auf jemand, der infolge übermäßigen Trinkens oder in einem Anfall plötzlicher Debilität den Wahrheitsgehalt dieser Informationen offen in Frage zu stellen gewagt hätte.

Dann kam der Abend, und die Armee der »neuen Menschen« schloß sich in ihren engen Wohnungen ein. Den Ausländern, die es zufällig einmal nach Tirana verschlug, fiel stets auf, daß die Straßen der Hauptstadt bereits um zehn Uhr abends völlig ausgestorben waren. Was machen die Leute bloß, wo sind sie jetzt? fragten sie verblüfft. Ihre Begleiter hatten die Antwort darauf schon parat: Sie gehen zeitig schlafen. In den meisten Unternehmen fängt die Arbeit schon morgens früh um sechs Uhr an. Was übrigens stimmte.

Nur, der wirkliche Grund für das Phänomen war es nicht.

Hätte man mit seinen Blicken gründlich die im Dunkel liegenden Dächer abgesucht, wären da und dort menschliche Silhouetten zu entdecken gewesen. Das waren die »neuen

Menschen« die ihre Fernsehantennen auf die italienischen und jugoslawischen Sender ausrichteten. In den albanischen Geschäften waren Kupferkabel oder Aluminium, wie man sie für Antennen brauchte, nicht zu haben. Es waren auch keine Bedienungsanleitungen oder Schaltpläne für solche Antennen zu finden. Trotzdem, jeder hatte seine Antenne, und bei der Herstellung war eine bewunderungswürdige Perfektion erreicht worden. Niemand fragte nach den Quellen. Hauptsache, sie waren jedem zugänglich. Mehr wußte man besser nicht. Schließlich waren da ja noch die Aktivisten der Front. Die Demokratische Front war die Organisation, der »die Partei und Genosse Enver« die »hohe Aufgabe des Kampfes gegen die fremden Erscheinungen« in den Wohngebieten anvertraut hatten. Die meisten dieser Aktivisten kamen mit großem Eifer auch ihren Pflichten als Zuträger des Sigurimi bezüglich ihrer Nachbarn oder Freunde samt ihren Kindern nach.

Unter einer Diktatur leben bedeutet, daß man instinktiv ein Selbstverteidigungssystem aufbaut. Anders gäbe es keinen Ausweg aus der Tragödie. Als Reaktion auf die Darstellung Europas in den offiziellen Medien tendierten die Albaner dazu, vorbehaltlos an das rosarote Bild zu glauben, das im ausländischen Fernsehen in der Werbung für Coca-Cola, Autos oder Parfüme gezeichnet wurde. Diese unrealistische Annäherung an den westlichen Teil des Kontinents wirkte sich in der Zeit der Diktatur positiv aus, weil es den Menschen die seelische Kraft gab, dem Alltag standzuhalten. Später allerdings, beim Niedergang der Diktatur, verkehrte sich diese Wirkung in ihr Gegenteil, weil die Menschen dazu verleitet wurden, sich in Massen nach diesen Ländern aufzumachen, auf der Suche nach Erlösung, dem Eldorado, das doch nur in ihren erschöpften Gehirnen existierte.

In seinem Buch »Albanischer Frühling« äußert Ismail Kadare seinen begründeten Unmut über den italienischen Fernsehsender RAI, der gegenüber der Diktatur im Nachbarland jenseits des Meeres nicht die Rolle spielte, die er eigentlich hätte spielen müssen. Kadares Zorn richtete sich deshalb gerade gegen RAI, weil es der einzige westeuropäische Fernsehsender war, den man in den wichtigsten Teilen des albanischen Territoriums empfangen konnte. Von den italienischen Privatsendern, die vorwiegend Familienserien, Fußballspiele oder Pornofilme brachten, konnte man eine entsprechende Funktion nicht erwarten. Paradoxerweise verquickte sich der Einfluß dieser Pornofilme sogar mit der asketischen marxistisch-leninistischen Erziehung und bewirkte die Zerstörung des moralischen Gleichgewichts der albanischen Gesellschaft, vor allem durch das Zerrbild normaler Liebesbeziehungen, in dem der Geschlechtsakt fast zur primitiven Obsession herabgewürdigt ist. Dies wurde dadurch mehr als begünstigt, daß Sex für die offizielle Moral ein Tabuthema war.

Diese Filme waren wesentlich für das absurd falsche Bild von der sexuellen Freiheit im Westen verantwortlich, das bei den Albanern über Jahre hinweg genährt wurde. Eine der ersten Enttäuschungen für unsere Flüchtlinge in Athen, Rom, Paris oder Bonn waren die fast unüberwindlichen Schwierigkeiten beim Versuch, in die Betten der Frauen ihres Gastlandes zu gelangen. Eine Erkenntnis hatten die ausländischen Fernsehsendungen ihnen auf jeden Fall nicht vermittelt: daß auch im Westen nichts vom Himmel fiel, sondern daß darin hundertmal mehr Arbeit steckte als bei ihnen zu Hause üblich, wo der Volksmund sagte, die Leute täten so, als ob sie arbeiteten, und der Staat täte so, als ob er sie dafür bezahlte. Folglich veränderte sich nach dem Sturz der Diktatur das rosarote Bild, das die Albaner von Europa hatten, sehr rasch, und zwar in zwei Richtungen. Einerseits hatte sich in den Menschen schleichend eine ungeduldige Sehnsucht nach einem völlig anderen Leben breitgemacht. Über Jahre hinweg wie eine böse Krankheit geheimgehalten, deren bloße Erwähnung schon Unglück bringt, brach sie in genau dem Moment, da der wesentliche Sieg, die politische Freiheit, erreicht worden war, unkontrollierbar und mit ganz gefährlichen Folgen hervor. Von der Demokratischen Partei wurde erwartet, daß sie auf der Stelle die Tische und Schränke füllte, die Wohnungen vergrößerte, die Arbeitsbedingungen verbesserte usw. Sonst . . .! Die Demokratische Partei erfüllte diese Hoffnungen nicht. Man versuchte nicht einmal, sich klarzumachen, welcher Weg zu solchem Wohlstand führte. Es gab nur die eine fixe Idee: Die Demokratische Partei muß Hilfe aus Amerika und dem Westen herbeischaffen. Hilfe. Viel Hilfe. In jeder Hinsicht und für alles. Als ob die Welt schon alles bereithalten würde, die Züge, die Flugzeuge, die Schiffe bereits beladen wären und man nur auf ein Zeichen von der Demokratischen Partei wartete, um sie in Richtung Albanien in Bewegung zu setzen. Nur durch Hilfe konnten wir über Nacht wie Europa werden. Die Psychose der »Rettung durch Hilfe« entstand. Was ist das schon für die Welt, drei Millionen Menschen?!

Niemand trug mehr Schuld an dieser Psychose als das kommunistische Regime selbst. Nach Enver Hoxha hatten »die ausländischen Hilfen das Ziel, die kleinen Völker zu versklaven«. Ihre Annahme war verboten, sogar durch die Verfassung. Und im Strafgesetzbuch fand sich unter den Verbrechen gegen den Staat ein Paragraph »Staatsfeindliche Agitation und Propaganda«, der noch die kleinste Äußerung von Unzufriedenheit einschloß, und sei es bloß eine abends im Bett vor dem Einschlafen der eigenen Frau zugeflüsterte Beschwerde oder ein gegen das Prinzip des sich Stützens auf die eigenen Kräfte gerichtetes Wort beim Spaziergang mit einem Freund. Die Doktrin gestattete internationalistische Hilfe unter sozialistischen Ländern. Aber nach dem Sommer 1978, als Deng Xiaoping die Wirtschaft zu liberalisieren begann, also »auf den Kurs der kapitalistischen Degeneration einschwenkte«, blieb Albanien als »das einzige sozialistische Land auf der Welt« übrig. Die PRINZIPIEN ließen nicht zu, daß man irgendwelche Hilfen oder Kredite annahm. Der Siebte Fünfjahresplan (1980–1985), um den ein beispielloser Propagandarummel gemacht wurde, hatte vor der ganzen Welt den Triumph der völlig auf die eigenen Kräfte gestützten Wirtschaftspolitik zu beweisen. Den Übergang in dieses Stadium hatte der Diktator sorgfältig vorbereitet. 1978 hatte er vom Parlament die neue Verfassung verabschieden lassen, wobei er sich über die Vorzüge der Linie, die er Albanien aufzwang, ausbreitete. Bei seinem Typ von Diktator tut man sich mit einem Urteil schwer: War es wirkliche Überzeugung, Paranoia oder der bewußte Versuch eines zynischen Herrschers, das Volk in Illusionen zu wiegen, wie bei ihm nicht selten der Fall?

Schon nach kurzer Zeit war zu erkennen, daß dies der Fünfjahresplan der endgültigen Proletarisierung der albanischen Bevölkerung war. In den Jahren 1981 und 1982 wurde den Bauern noch die letzte ihnen erlaubte Kuh genommen. Jetzt gab es nicht nur in der Stadt, sondern auch auf dem Dorf keinerlei Privateigentum mehr. Die Albaner waren ein Volk reiner Lohnarbeiter. Der »neue Mensch« befand sich, was die Befriedigung seiner Bedürfnisse anbelangte, in völliger Abhängigkeit vom Staat. Dieser Staat, der angetreten war, um im Land der stolzen Bergadler, die lieber Gras aßen, als die Prinzipien des Marxismus-Leninismus zu verraten, das Paradies auf Erden zu errichten, mußte nicht nur sein Brot selbst erzeugen, sondern auch Stahl, Waffen, Medikamente ... Der Glaube daran mußte tief im Bewußtsein eines jeden Albaners verankert werden, kaum daß er anfing, seine ersten Worte zu stammeln. Der Prozeß der Verwurzelung dieser national-sozialistischen Mentalität war begleitet von Anekdoten. Soviel Angst hatten Enver Hoxha und die Diktatur vor diesen Anekdoten, daß selbst jene, die auch nur zuhörten, als »Volksfeinde« bis zu zehn Jahre ins Gefängnis mußten. Derart barbarische Umgangsformen waren in den anderen ehemals sozialistischen Ländern nicht bekannt. Wahrscheinlich erklärt sich daraus der tragische Kern der meisten albanischen Anekdoten. In einer davon unterhalten sich zwei Personen über den Mangel an Nahrungsmitteln:

»Weißt du, was wir tun müssen?!« sagt der eine. »Wir müssen Amerika den Krieg erklären. Dann wird es uns erobern und muß uns ernähren, ob es nun will oder nicht.«

»Auf keinen Fall, mein Lieber«, erwidert der andere. »Und was ist, wenn wir Amerika erobern?! Wie sollen wir all diesen Leuten zu essen geben?«

Diese Anekdote erzählte man sich Ende der siebziger Jahre, zur gleichen Zeit, als über die schreckliche Verfassung abgestimmt wurde, die Albaniens völlige Isolierung legitimierte. Also wohnte den Menschen auch das Antiprinzip des sich Stützens auf die eigenen Kräfte inne. In einer Atmosphäre, in der es die Partei samt allen ihren zivilen und militärischen Organismen darauf anlegte, den Massen ein einfältiges Überlegenheitsgefühl den anderen Völkern gegenüber einzureden, bestand viel stärker die Gefahr, daß sich die Menschen einen tiefen Minderwertigkeitskomplex einfingen, dem noch nicht einmal die Intellektuellen entgingen, von denen viele sich einem unappetitlichen Lamentieren hingaben. In ihren »intellektuellen« Gesprächen pflegten sie voreinander ihre »Kenntnisse« über die Wirklichkeit anderswo, vor allem in Europa, auszubreiten. Dort, wo ihren Kollegen vom gleichen Stand sämtliche Möglichkeiten offenstanden, zu voller Blüte zu gelangen. In Wahrheit spiegelten solche Unterhaltungen weniger eine konkrete Wirklichkeit als Wunschvorstellungen wider. Keine Diktatur gerät durch solchen »Nonkonformismus« in Gefahr. Im Gegenteil. Im Kern durfte die albanische stalinistische Diktatur solche Erscheinungen sogar als großen Erfolg verbuchen, weil sich daran erwies, daß sie es geschafft hatte, einen Teil der gebildetsten seiner Bürger in banaler Eitelkeit zu ertränken. Die Ungeduld, mit der nach dem Sturz der Diktatur eine Menge Leute, zu denen auch solche Intellektuelle gehörten, über Nacht mit Europa gleichziehen wollten, hat meiner Meinung nach gerade mit diesem Minderwertigkeitskomplex zu tun.

»Dort passiert doch nichts. Das ist ein verfluchtes Land«, verkündeten sie in einem Ton, in dem sich Empörung mit Verzweiflung mischte, kaum daß sie griechischen Boden betreten hatten. Es geschah etwas, das in den ersten Julitagen 1990 nicht vorgekommen war: Unter denen, die weggingen, waren viele Gebildete, vor allem aus der jungen Generation der Universitätsprofessoren und Techniker. Als fast fünftausend Flüchtlinge, zusammengepfercht in den Botschaftshöfen, in der Julihitze um einen Tropfen Wasser bettelten, weil die Wasserversorgung dorthin unterbrochen worden war (ohne daß man bis heute wüßte, wer den Befehl dazu gegeben hat), bat mich ein westlicher Diplomat, zu dem ich eine gewisse Nähe entwickelt hatte, um eine Erklärung dafür, daß unter denen, die es nicht mehr in diesem Land aushalten konnten, fast keine Intellektuellen waren. Ohne erst lange nachzudenken, im blinden Vertrauen auf die Richtigkeit meiner Überzeugung, antwortete ich damals, die Intellektuellen wüßten um die Notwendigkeit ihrer Anwesenheit, wenn es galt, der Demokratie zum Sieg zu verhelfen. Ich versuchte zu erklären, daß – anders als die politischen Emigranten aus den übrigen Ländern des Ostens – die albanische politische Emigration in Paris, Brüssel oder Washington, wo immer sie auch Fuß gefaßt hatte, nicht spürbar zur Zersetzung der Diktatur hier beizutragen vermocht habe. Wir unterhielten uns in der Bar des Schriftstellerverbands. Am Tisch klebten seine Überwacher. Offensichtlich noch unvertraut mit ihrer ständigen Gegenwart, wurde er unruhig und bat mich, das Gespräch draußen fortzusetzen, bei einem Spaziergang. Auf mich und meine Freunde hat es immer seltsam gewirkt, daß die westlichen Diplomaten bei den wenigen Begegnungen mehr Angst davor zu haben schienen als wir selbst, sich gegen das Regime zu äußern. Was wir da und dort über die Aktivitäten westlicher Diplomaten in anderen kommunistischen Ländern zu lesen bekamen, löste angesichts ihrer Abwesenheit hier in Tirana bei uns stets ein Gefühl der Verlassenheit aus, das sich noch vertiefte, als wir erfuhren, daß ein guter Teil dieser Diplomaten, sogar der Botschafter, zuvor in ähnlichen Ländern Dienst getan hatten, etwa in der Mongolei. Man schickte sie nach Tirana, damit sie dort eine nicht allzu glänzende Karriere in Ruhe zu Ende brachten. Meinte man denn in den politischen Kanzleien Europas, Albanien sei ein Land, in dem es keine Arbeit für sie gab, in dem man nicht arbeiten konnte oder nicht ernsthaft zu arbeiten brauchte? Jede Antwort auf diese Frage würde der demokratischen Reputation Europas schaden.

Doch war es im Juli 1990 nicht dieses Gefühl, von Europa

im Stich gelassen zu werden, das die albanischen Intellektuellen draußen vor den Mauern der Botschaften haltmachen ließ. Es war etwas anderes. Waren wir uns wirklich bewußt, daß der Kampf für die Errichtung der Demokratie unsere Anwesenheit hier erforderte? Oder war ihre Haltung eher ein Ausdruck des bekannten Zauderns der Intellektuellen bei wichtigen Entscheidungen? Die Botschaftsereignisse kamen unerwartet und vollzogen sich in aller Heftigkeit innerhalb von zwei oder drei Tagen. Die Intellektuellen waren also unvorbereitet und hatten nicht ausreichend Zeit, die Folgen ihres Handelns zu bedenken. Oder war es einfach die furchtsame Natur der Intellektuellen? Sie wußten, daß ihre Familien auf jeden Fall erbarmungslos verfolgt werden würden.

Mutmaßungen, die der Wahrheit näherbringen. Der albanische Intellektuelle war nicht imstande, über das hinauszugehen, was im politischen Klima, in dem er sich entwickelt hatte, an festen Parametern vorgegeben war, so wie eine Pflanze aus einer bestimmten Klimazone in einer anderen Klimazone nicht gedeiht. Man muß die albanischen Intellektuellen nehmen, wie sie sind. Sie haben keine Schuld an ihren Defiziten.

Wie war nun ihr Jammern über das verfluchte Land, in dem nichts Rechtes zustande kam, zu verstehen? Viele waren tief im Herzen davon überzeugt, daß Albanien, als sich nach zwei Wochen des Parteienpluralismus noch kein Beginn der Europäisierung abzeichnete, zu einem Schicksal in Armut verurteilt sei. Dieses mystische Urteil entsprang einer anderen simplifizierenden Überzeugung, die sich aufgrund der Erfahrung, daß alles sich durch Verwaltungsakte und nicht nach inneren Entwicklungsgesetzen regelte, in ihren Gehirnen herausgebildet hatte. Hier ein solches Argument, das fast auch in den Protesten gegen die unverändert an der

Macht befindliche kommunistische Regierung Platz gegriffen hätte:

»Warum wird die Währung nicht konvertiert? Man muß die Enveristen aus der Staatsbank und dem Finanzministerium werfen. Sie wollen nicht, daß sich Albanien mit Europa vereinigt.«

Nicht zufällig wurde in dieser Anfangszeit in Griechenland Erlösung vom »Vaterland der Armut« gesucht. Griechenland war als einziges Balkanland in die politischen und wirtschaftlichen Strukturen Europas integriert. Und es war unser Nachbar. Der Stacheldraht zwischen den beiden Territorien war endlich fort. Für jene, die flohen, war die Beseitigung dieses bis gestern noch todbringenden Zauns der einzig erreichbare Sieg der Demokratie in Albanien. Das andere ... würde sich finden, irgendwo.

»Ach!« seufzten sie, wenn sie durch Unterholz und Gesträuch krochen, um diesmal nicht den albanischen, sondern den griechischen Grenzern zu entgehen. Die Rollen waren nun vertauscht. Nun kam die Gefahr für sie von der anderen Seite der Grenze, wo man bis dahin den Anfang des Planeten der Demokratie gewähnt hatte.

Je tiefer sie auf diesen geheimnisvollen Planeten vordrangen, desto größer wurde die Gefahr. Mit dem Zustrom von vielen tausend auf ein wenig Geld brennenden Menschen innerhalb von ein paar Tagen werden auch große und reiche Länder nicht so einfach fertig, und schon gar nicht Griechenland.

Hier zeigt sich die zweite Wirkung, die das Trugbild vom Westen in den Jahren der Finsternis auf den Albaner gehabt hatte. Der Omonia-Platz in Athen wurde rasch zum Ort ihrer Ernüchterung. Der Traum vom leichten Leben erfüllte sich nicht. Sie waren bereit, ihre Arbeitskraft für ein Nichts zu verkaufen, und weckten damit zu Recht den Zorn der Einheimischen. Die erste Ernüchterung durch den Westen verwandelte sich schnell in Enttäuschung. Ihre Gedanken waren nicht klar genug, um ein vernünftiges Urteil zu erlauben. Der fiebrige Traum, der sie über Jahre hinweg versklavt hatte, verkehrte sich in Haß. Hier will uns keiner. Gerade die mögen uns nicht, die wie wir ihr Leben mit harter Arbeit zu fristen haben. Ständig werfen sie uns feindselige Blicke zu. Und man war schnell bereit, auch die Fäuste sprechen zu lassen. Oder das Messer zu ziehen. Die Besitzenden mögen uns auch nicht. Sie bezahlen uns nur den Bruchteil des Lohnes eines Griechen und zeigen uns offen ihre Verachtung. Die Staatsbeamten mögen uns nicht, dauernd müssen wir uns mit ihnen wegen irgendwelcher Papiere herumschlagen. Wegen einer einfachen Unterschrift schicken sie uns tagelang im Kreis herum. Machen sich lustig über uns. Die Polizisten mögen uns nicht. Bei jeder Bagatelle, die wir uns in Unkenntnis der Gesetze und Regeln zuschulden kommen lassen, ermahnt und belehrt man uns nicht, sondern läßt den Knüppel sprechen, und noch schlimmer: man packt uns auf Lastwagen und transportiert uns nach … Albanien. Das Wort »HEIMAT« mochten sie nicht in den Mund nehmen. Der Begriff klang zu poetisch, zu traurig für ihre gepeinigten Seelen. »ALBANIEN« dagegen war ganz konkret in seiner Armut, seinem Elend.

Daran, daß sie diese Unterscheidung machten, zeigte sich, wie brüchig die Arterie, die sie mit Albanien verband, schon geworden war. Sie waren daran gewöhnt, sich in ihr Schicksal zu fügen, und so begannen sie erneut, sich anzupassen. Der zwei Jahrhunderte zuvor von Byron in erlesenen Worten besungene albanische Stolz löste sich schnell in Luft auf. In all den Jahren war so an ihm genagt worden, daß er nur noch zur Maske in einem Theaterfundus taugte.

»Was können wir schon tun?« stotterten sie, mehr als Entschuldigung vor sich selbst.

Und griffen eiligst nach dem letzten Strohhalm, der ihnen noch geblieben war: Sie präsentierten sich als eingefleischte Gegner des kommunistischen Regimes und deshalb von der Polizei verfolgt. Doch um den Status eines politischen Asylanten zu erlangen, reichte das mündliche Vorbringen nicht aus. Die griechischen Behörden wollten Dokumente sehen. Wie sollte man sonst glauben, daß am Busen des griechischen Brudervolks rund fünfzehntausend hervorragende Aktivisten der albanischen Demokratiebewegung Zuflucht gesucht hatten? Wer war überhaupt noch dageblieben, um den Kampf voranzubringen? In den ersten Januarwochen sah sich die Demokratische Partei einer unerwarteten Aufgabe gegenüber. Tausende von Eltern, Frauen und Freunden von Flüchtlingen verlangten eine »Bescheinigung der Verfolgung durch den Sigurimi« mit dem Namen des ihnen Nahestehenden. Einzig der Stempel dieser Partei nützte jenen »Armen, die sich mitten im Winter auf den Weg machen mußten«. Wenig später wurden solche Bescheinigungen auch aus Italien verlangt.

Was konnte man tun?

Sagte man ihnen, dies sei ja nun wirklich nicht der geeignete Weg zur Europäisierung Albaniens, entgegneten sie schroff:

»Ach, laßt doch dieses Geschwätz! Das haben wir schon von Enver Hoxha gehört! Von euch erwarten wir etwas anderes.«

Demokratisch war die Demokratische Partei für sie also dann, wenn sie ihnen Bescheinigungen ausstellte. Auch wenn gar nichts vorlag?

»Ja, auch wenn nichts vorliegt! Was kostet euch das

schon? Seit wir auf der Welt sind, ist man mit uns umgesprungen wie mit Vieh. Was sind schon zwei Worte für eine Bescheinigung?!«

»Aber durch Betrug findet man nicht nach Europa ...«

»Ach Gott, wir haben die Schnauze gestrichen voll davon, daß man uns mit Moral kommt! Du sollst dies nicht, du sollst das nicht ...«

Jeder Versuch einer Erklärung war sinnlos. Daß wir eben diese von der Diktatur produzierte verlogene Moral ausrotten wollten. Der Gesprächspartner schnitt einem schon das Wort ab, noch ehe man richtig den Mund aufgemacht hatte.

»So ist das also! Und wir haben euch vertraut!« Die Unterhaltung war zu Ende, und der andere stürmte türeschlagend aus dem Zimmer.

Der Spruch »Seit wir auf der Welt sind, ist man mit uns umgesprungen wie mit Vieh« macht klar, weshalb sie es überhaupt wagten, solche Forderungen zu stellen und die Tür hinter sich zuzuknallen, wenn man sie ihnen nicht erfüllte. Beziehungen solcher Art entstehen unter einer Diktatur. Der Amoralität des Regimes durch die Amoralität des Individuums zu begegnen ist zunächst einmal eine Reaktion und resultiert aus dem Fehlen anderer Mittel. Bis dann diese Amoralität allmählich und unmerklich zu einer Charaktereigenschaft des betreffenden Individuums wird. Damit ist dann die Integration in die Gesellschaft, in der man lebt, perfekt. Deshalb konnten diese Männer und Frauen, die keineswegs unehrlich waren, nicht begreifen, wie falsch ihre Handlungsweise war. Sie wollten ihren Kindern oder Lieben helfen, das war alles. So wie sie dachten, war wichtig, daß »die Griechen gar nicht mitbekommen, daß man sie täuscht«. Der Mensch lernt, seine Handlungen nur unter dem Aspekt der Gefährlichkeit zu betrachten, ohne die Notwendigkeit zu empfinden, sie mit seinem Gewissen zu konfrontieren. Derlei Eigenschaften haben sich dem Charakter des Individuums so tief eingeprägt, daß es im postdiktatorialen Albanien viel Zeit brauchen wird, sich zu ändern, wahrscheinlich ein Vielfaches der Zeit, die für eine Verfassungsänderung, die Durchführung freier Wahlen oder die Überführung von Staats- in Privateigentum nötig ist. Vielleicht wird es eine ganze Generation dauern.

Albanien konnte nicht auf eine neue Generation warten, um sich für Europa bereit zu machen, wie immer es auch um seine Söhne und Töchter stehen mochte. Sie hatten die Diktatur gestürzt. Und zwar in Würde. Albanien war das einzige unter den ehemals kommunistischen Ländern, in dem die Diktatur ohne direkte Einwirkung von außen gestürzt wurde. Ein merkwürdiges Volk! 1944 bestand es aus weniger als einer Million Menschen und war doch das einzige europäische Volk, das sich selbst befreite. Nicht nur das: Albanische Partisanen befreiten auch noch einen Teil Jugoslawiens. Tausende albanischer Jungen und Mädchen verloren bei der Verfolgung der Nazis außerhalb der heimatlichen Grenzen ihr Leben. Bezeugte dieses Opfer nicht ihren Wunsch, sich mit Europa zu vereinigen? Für ein kleines und armes Volk bedeutete es viel, sich allein von der Hitler-Diktatur zu befreien. Es ist ein schändliches Paradox der Geschichte, daß dieses Volk unter eine neue, nicht weniger brutale Diktatur geriet, die stalinistische. Fünfzehn Jahre später, 1960, tat dieses Volk, was den Ungarn vier Jahre zuvor nicht gelungen war: Es warf das sowjetische Joch ab und befreite damit wieder nicht nur sich selbst. Albanien war für die Sowjets und den ganzen Warschauer Pakt der einzige direkte Zugang zum Mittelmeer. Leicht einzuschätzen, welche Gefahr die Militärbasis am Golf von Vlora für ganz Europa darstellte.

Die Albaner zwangen die Sowjetadmirale, sich mit ihren U-Booten in die Nord- und Ostsee zurückzuziehen, und lieferten damit einen weiteren Beweis für ihren Willen, sich dem demokratischen Europa anzuschließen. Doch in einem weiteren zynischen Paradox landete das Volk in einer perversen Freundschaft mit Mao Zedongs China, gerade als dort die zerstörerische Kulturrevolution begann. Den dritten Beweis seiner fabelhaften Fähigkeiten lieferte dieses Volk im Dezember 1990. Weder Gorbatschow noch Bush können sich rühmen, daß sie einen Beitrag zum Sturz der brutalsten stalinistischen Diktatur der Zeit geleistet hätten. Alles vollbrachte dieses Volk selbst. Würde es womöglich ein drittes unliebsames Paradox in diesem Land geben?

1944 und 1960 hatte Europa kein Ohr für den Wunsch der Albaner gehabt, obwohl er diese nicht wenig gekostet hatte. Jener Teil des Alten Kontinents also, der seit Jahrhunderten der ganzen Welt Lehrstunden in Demokratie gab, hatte, ob mit Absicht oder nicht, in einem der ältesten Gebiete seiner Zivilisation zum Überleben einer der brutalsten Diktaturen beigetragen. Die Albaner erkannten diese Tatsache, aber sie konnten sie sich nicht erklären. Für die Absurdität dieser Haltung womöglich schon seit den sechziger Jahren gab es bei uns einen zynischen Kommentar: Europa hält sich Paris als Museum des Menschen und Tirana als Museum der Diktatur. Darin liegt ein schwerer Vorwurf. Die Albaner hielten Europa für mitschuldig an dem Terror, unter dem sie zu leiden hatten. Die heftige fremdenfeindliche Propaganda des Regimes beförderte diese Verbitterung noch. Es ist ein Wunder, daß dieses Volk dennoch keinen Komplex des Hasses auf Europa entwickelt, sondern sich seine Bewunderung unversehrt erhalten hat. Wahrscheinlich ist das gerade auf die offizielle Propaganda zurückzuführen.

Allerdings hatte sich im Dezember 1990 auch Europa verändert. Vor allem waren aber die Albaner nicht mehr die, die sie einmal gewesen waren. Die Diktatur hatte ihnen so viele Wunden an Leib und Seele geschlagen, daß sie es nicht mehr ertragen konnten. Sie besaßen den Mut und die Klugheit, der Demokratie Bahn zu brechen. Diese Behauptung scheint im Widerspruch zu den Tatsachen zu stehen. Allein in den ersten sechs Monaten der Freiheit gingen annähernd fünfundzwanzigtausend Albaner nach Griechenland, wo sie ohne jedes Zögern ihren Namen änderten und ihre Herkunft vertuschten, um von den Einheimischen angenommen zu werden. Noch einmal fast fünfundzwanzigtausend Albaner bemächtigten sich der Schiffe in den albanischen Häfen und setzten hinüber nach Italien. Kaum gelandet, drohten sie mit einem Hungerstreik, falls man ihnen nicht umgehend Wohnung und Arbeit gab. Unter ihnen waren viele tausend Frauen und Kinder. Tausende anderer waren mit ordentlichen Visa über ganz Europa ausgeschwärmt und dort irgendwo hängengeblieben. Da Europa nicht rasch genug zu ihnen kam, gingen sie nach Europa. Ob dies wirklich der schnellere Weg war, in den Genuß der Demokratie zu kommen? So stark war der Drang wegzugehen, daß die Leute, als Präsident Ramiz Alia am 15. September 1991 eine Reise nach Finnland und Frankreich antrat, um dort die Abschlußakte von Helsinki und die Pariser Charta zu unterzeichnen, mit einem Grinsen meinten, er werde wohl nicht mehr zurückkehren.

Entvölkerte sich Albanien ganz? Diese Frage stellten meistens ausländische Beobachter, manche mit zynischem Unterton und manche bestürzt. Wann reisen Sie ab? fragte ich einige Tage nach den Wahlen am 31. März 1991 ganz arglos zwei Journalisten des BBC.

»Wenn wir euren Präsidenten verabschiedet haben und als einzige in diesem Land übrig sind«, antworteten sie.

Wem überlaßt ihr Albanien? fragten voller Angst die Albaner in Kosova und der Diaspora, die das Regime auf Abstand gehalten hatte, ohne daß ihre Herzen je aufhörten, für das Vaterland zu schlagen.

Wirklich, was sollte aus Albanien werden? Was bedeutete für dieses Volk der Satz »Machen wir Albanien wie ganz Europa«?

Im Vergleich ist ein Drei-Millionen-Volk gewiß klein. Kürzlich erfuhr mein siebenjähriger Sohn staunend aus dem Fernsehen, daß allein Budapest drei Millionen Einwohner hat.

»Uah, Papa, das sind ja so viele wie in ganz Albanien!« rief er ungläubig. Es wollte ihm nicht in den Kopf, daß in einer einzigen Stadt so viele Menschen leben können wie in einem ganzen Land. Noch skeptischer wurde er, als ich ihm erzählte, daß es sogar Städte auf der Welt gibt, die viermal mehr Einwohner haben als Albanien.

Die gleiche Ungläubigkeit zeigen auch Erwachsene, wenn sie sehen, was dieses Volk alles auszuhalten vermag. Hunderte und Aberhunderte strömten täglich mit einem Visum, ohne ein Visum, mit falschem Visum oder sonst irgendwie in den Westen. Voller Optimismus. Andere kamen schnaubend zurück. Mitte September 1991 stellten ausländische Diplomaten in Tirana fest, daß sich in ihren Ländern rund dreihunderttausend Albaner aufhielten. Das heißt, innerhalb von neun Monaten war fast ein Zehntel der Bevölkerung weggegangen. Mindestens ebenso viele hielt nicht der Patriotismus in Albanien, sondern nur die fehlende Möglichkeit, es den anderen nachzutun. Und dennoch gab es noch genügend Menschen für die begeisterten Kundgebungen der Demokratischen Partei und die hysterischen Antikundgebungen der Partei der Arbeit, gab es genügend Menschen, um die Demokratische Partei wachsen und eine Republikanische Partei, eine Sozialdemokratische Partei, eine Agrarpartei entstehen zu lassen ... mehr als zehn eingetragene Parteien und wer weiß wie viele andere Parteien, die noch auf ihre Zulassung warteten. Es gab Leute, die gleichzeitig zwei oder drei Freundschaftsgesellschaften ins Leben riefen, mit Deutschland oder den USA, Frankreich oder England. Oder auch mit Kuba und Nordkorea. Das sieht nicht gerade nach einem Volk von drei Millionen aus.

Alle verkündeten auf den Kundgebungen und Versammlungen ihrer Parteien und Gesellschaften, Albanien werde bald sein wie Europa. Solche, die wenig später weggingen, und solche, denen dies nicht gelang. Sowohl die Demokraten als auch Enver Hoxhas Freiwillige. Die Proamerikaner wie die Prokoreaner. Alle. Aber es gab auch viele, die über Europa zeterten. Europa steht uns zuwenig bei, beklagten sich die Demokraten. Europa behandelt uns als Bürger zweiter Klasse, beschwerten sich die Flüchtlinge. Europa verschließt vor uns die Türen, als seien wir gefährliche Bestien, jammerten jene, denen es weder gelungen war, sich in den Besitz eines Visums zu bringen noch illegal die Grenze zu überschreiten. Europa treibt wie immer das Spiel der Serben, räsonierten die Nationalisten. Es will Albanien durch seine Agenten von der Demokratischen Partei zerstören, heulten die Enveristen. Europa hindert Amerika daran, uns zu helfen, schrien die Proamerikaner. Nein, Amerika hindert Europa, widersprachen die Proeuropianer.

Wie sollte Albanien europäisiert werden?

Nur mit der Demokratischen Partei werden wir nach Europa gelangen. Europa weiß genau, welche politische Kraft die Diktatur gestürzt hat. Europa vertraut nur uns, erklärten die Demokraten. Die Partei der Arbeit hat sich erneuert, sie ist nun sozialistisch. Vergeßt nicht, in den wichtigsten europäischen Ländern sind die Sozialisten an der Macht. Nur unsere Partei kann euch nach Europa führen, ließen die Exkommunisten nicht locker. Wir berufen uns auf die republikanischen Traditionen Europas und werden sie in Albanien verwirklichen, erklärten die Republikaner. Europa gewährt seit einem halben Jahrhundert der von den Kommunisten verjagten königlichen Familie Zuflucht. Nur wenn der König zurückkehrt und das Volk sich unter seiner Führung zusammenschließt, läßt sich die Verbindungsader zwischen Europa und Albanien wiederherstellen, besaßen die Zogisten, die im August 1991 ihre Zulassung als Partei erreichten, den Mut, täglich lauter zu verkünden. Europa akzeptiert uns erst, wenn Albanien von denen gesäubert ist, die willentlich oder unwillentlich dazu beigetragen haben, daß die Diktatur so lange herrschen konnte. Mindestens eine Million Menschen muß erschossen werden. Nur wir vermögen diese Säuberung durchzuführen. Wir verschaffen dem europäischen Geist unbefleckt Zugang. Vertraut uns, knirschten die Extremisten, unter denen es merkwürdigerweise auch Kinder ehemaliger Spitzenfunktionäre des alten Regimes gab.

Die Einführung des Pluralismus bedeutete zugleich den Auftakt zum Wahlkampf, der eigentlich schon lange erklärt war. Die Europäisierung Albaniens rückte in den Wahlprogrammen der politischen Parteien sogleich ganz nach oben. Ob man es nun wirklich ernst damit meinte oder nur Demagogie betrieb, dieser ehrliche Wunsch des albanischen Volkes wurde Bestandteil des politischen Machtspiels der Parteien. Alle Propagandasirenen heulten. Am lautesten ertönten natürlich die der Partei der Arbeit. Sie verfügte über ausreichend Propagandamittel: die beiden einzigen, dazu noch durch den Staat subventionierten Tageszeitungen des Landes, die zu einem Viertel des Preises der Zeitung der Demokratischen Partei verkauft wurden, die, eben erst gegründet, trotz der großen Nachfrage nur zweimal in der Woche in begrenzter Auflage erscheinen konnte, wegen »des Mangels an Papier und Druckkapazitäten«. Sie kontrollierte Radio und Fernsehen, die sie auch nicht aus der Hand gab, als Hunderttausende auf Versammlungen im ganzen Land ihre parteipolitische Unabhängigkeit verlangten. Es fanden sogar zwei Kundgebungen direkt vor dem Gebäude von RTSh statt, eine im März, also auf dem Höhepunkt des Wahlkampfs, die andere im August 1991. Vergebens. Von ihrer Organisationsstruktur her war die PAA imstande, auf jeden Lebensbereich des Landes direkt einzuwirken. Nie habe ich die Apparatschiks so aktiv gesehen wie in dieser Phase. Der drohende Existenzverlust hatte diese feisten Männer verändert. Sie warfen ihre omnipotente Selbstgefälligkeit ab, als sei sie bloß eine unvorteilhafte Maske, bemühten sich aber wegen der psychologischen Wirkung auf die Bevölkerung, den Eindruck von Selbstsicherheit aufrechtzuerhalten, und wurden plötzlich äußerst liebenswürdig im Umgang mit allem und jedem. Vor allem aber stand im Dienst dieser Partei der Sigurimi, den sie perfekt einzusetzen wußte, wo es um versteckte Drohung ging.

Sämtliche politischen Kräfte, egal auf welcher Seite, bemühten sich hektisch, dem Volk zu beweisen, mit welcher Ernsthaftigkeit sie die Europäisierung Albaniens betrieben.

Ein wenig erholt durch vier oder fünf Stunden Schlaf, versammelten sich jene, die eben die Demokratische Partei aus der Taufe gehoben hatten, am Morgen des 12. Dezember zusammen mit einigen anderen, um das Parteiprogramm aufzustellen. Es mußte, zusammen mit dem Zulassungsantrag, umgehend beim Justizministerium eingereicht werden. Niemand wußte genau, welche Richtung die Partei haben sollte. Nur eines wußten alle: kommunistisch durfte sie nicht sein. Keiner wußte, wie man ein Parteiprogramm aufstellt. Es gab nicht einen unter ihnen, der überhaupt je ein Parteiprogramm gelesen hatte. Und keiner war Jurist. Glücklicherweise kannten alle Fremdsprachen. Das war die Lösung. Programme europäischer Parteien anzufordern, dazu reichte die Zeit nicht. Gedruckt gab es diese nur in der Bibliothek des Zentralkomitees der Partei der Arbeit, zu der sie natürlich keinen Zugang hatten. Doch in privaten Bücherregalen fanden sich die Charta der Vereinten Nationen und andere Menschenrechtsdokumente. Konnte man von einer Partei mehr verlangen, als in diesen Schriftstücken stand?

Dieses Argument genügte. Unverzüglich machte man sich an die Arbeit. Man stelle sich vor, daß das Programm einer Partei, die drei Monate später als wichtigste Herausfordererin die Machtübernahme anstreben würde, mit folgenden Worten begann: »Die Demokratische Partei verpflichtet sich, für die vollständige Verwirklichung der Menschenrechte zu kämpfen.« Immerhin, der Verdacht, daß dies womöglich kein richtiges Programm war, blieb bestehen. Deshalb wurde es aus Gründen der Seriosität »Minimalprogramm« genannt. »Minimal«, das war die Rettung. Der Öffentlichkeit wurde mitgeteilt, ein weiteres, komplettiertes Programm sei in Arbeit. Am Anfang fiel es mir nicht auf, doch als ich das Minimalprogramm dann wiederlas, stellte ich mit einer gewissen Betroffenheit fest, daß der ursprüngliche Text nicht eigentlich übersetzt, sondern in Anpassung an den Stil des Sozialistischen Realismus neuformuliert worden war. Auch wenn der Inhalt ganz anders war, der Stil unterschied sich in nichts von der Sprache, in der politische Texte in Albanien schon immer geschrieben worden waren. Alle Programmpunkte begannen mit dem Verb »kämpfen«. Ich glaube, Milan Kundera hat in einem Roman eine Bemerkung zu seiner bevorzugten Verwendung im amtlichen Diskurs kommunistischer Regime gemacht. Will man das Diktat verstehen, dem diese Regime sämtliche gesellschaftlichen Beziehungen unterwerfen, findet man hierin sicherlich einen Schlüssel. Ein Bürger des Westens wäre peinlich berührt, wenn er im Zentrum seiner Hauptstadt auf zwei nebeneinander angebrachte gigantische Transparente stoßen würde, auf denen steht: »Kämpfen wir für die Festigung der Souveränität des Vaterlands!« und »Kämpfen wir für die Festigung der Harmonie in der Familie!« Uns jedoch, die wir inmitten dieses Dekors großgeworden waren, war das Verb »kämpfen« in seiner allumfassenden Funktion in Fleisch und Blut übergegangen. Später lächelten meine Freunde und ich darüber. Unter der Anspannung des Moments hatten wir uns aus ganzem Herzen bemüht, Frieden und Verständigung als unumgängliche Attribute der Demokratie ins Zentrum des »Minimalprogramms« zu stellen. Doch diesen Inhalt hatten wir in lauter kriegerische Vokabeln gekleidet. Wieviel Schematisches hatten wir doch noch aus unseren Köpfen zu vertreiben, bis wir dem Land helfen konnten, sich auf Europa zuzubewegen.

Dennoch war es wichtig, daß wir uns bei unseren ersten Schritten auf diese Dokumente stützten, denn es zeigte augenfällig, was die unumstößliche Orientierung der jungen Partei war: Europa.

Mit ihrer Selbstdarstellung übte die Partei Einfluß auch auf die anderen politischen Kräfte des Landes aus. Zuerst einmal auf die Partei der Arbeit. Auf einmal mit einer richtigen Opposition konfrontiert, versuchte sie eilig, sich der neuen Situation anzupassen. Zwei Wochen nach der Einführung des Pluralismus, am 25. Dezember, trat man zu einer Außerordentlichen Nationalkonferenz zusammen und verabschiedete zum ersten Mal nach fünfundvierzig Jahren Machtausübung ein Wahlprogramm. An vielen Stellen waren Einflüsse beziehungsweise Anleihen beim Programm der Demokratischen Partei zu erkennen. Als Ramiz Alia es im Fernsehen vortrug, wirkte er höchst selbstzufrieden. Vom Bildschirm herab schien er uns sagen zu wollen: Was versteht ihr schon von Politik? Politik ist ein Handwerk. Politik ist mein Geschäft. Zu dem Bild, das er bot, paßte auch die Erklärung, die Partei habe nicht im Sinn, von der marxistischen Ideologie abzugehen. Er hatte redigiert: das Wort »leninistisch« fehlte. Nachdem man es bei Hua Guofeng in China als Zeichen der Liberalisierung gewertet hatte, daß er den Mao-Anzug ablegte, hoffte nun auch Ramiz Alia darauf, derlei redaktionelle Änderungen würden als Hinweis auf einen Wandel in der Partei verstanden werden. Gleich darauf sagte Ramiz Alia, unter der Führung seiner Partei, das heißt unter seiner Führung, gehe »unser Land auf Europa zu, hoffnungsvoll und mit dem Willen zur Vereinigung und Integration«. Dieses Parteiprogramm mochte äußerst eklektizistisch sein, doch daß die Führer es überhaupt für geboten gehalten hatten, sich auf den Hosenboden zu setzen, um es auszuarbeiten, bedeutete fraglos einen weiteren Erfolg für die Demokratische Partei, wo es darum ging, das selbstgesetzte Ziel zu erreichen, Albanien zu europäisieren.

Die Partei der Arbeit wollte mit der marxistischen Ideologie nach Europa gehen. Also unter Beibehaltung der Diktatur des Proletariats. Deshalb brachte Alias Erklärung das Blut der Massen nur noch mehr in Wallung. Auf Kundgebungen wurde das Verbot der Partei der Arbeit als Gefahr für die Gegenwart und Zukunft Albaniens gefordert. Die Partei der Arbeit verbieten! Wenn man fragte, wie dies denn bei einer Partei bewerkstelligt werden sollte, die an der Macht war, bekam man postwendend die Antwort:

»Wir wissen schon, wie man das macht ...«

»Und wie?«

»Auf jeden Fall nicht durch Dialog, wie euch das vorschwebt.«

»Das wäre aber nicht demokratisch. In ganz Europa gibt es legale kommunistische Parteien ...«

»He, he!« schnaubten sie, weil ihnen der Hinweis erst einmal die Sprache verschlagen hatte. »In Europa sind sie doch bloß erlaubt, weil man noch nie ausprobiert hat, wie es ist, wenn man sich von ihnen regieren läßt.«

Das herrschende Klima begünstigte alle möglichen rechtsextremen Strömungen. Ich mußte damals an ein Gespräch denken, das ich Monate davor mit Kadare geführt hatte. Das muß kurz nach den Ereignissen in Rumänien gewesen sein. Unter den albanischen Führern herrschte echte Hysterie, und bei jeder passenden und unpassenden Gelegenheiten bezog man sich auf Ramiz Alias Äußerung, in Albanien würden sich die Entwicklungen im Osten keinesfalls wiederholen, weil Albanien mit dem Kurs dieser Länder nichts gemeinsam habe. Der Zusammenbruch im Osten sei ja gerade darauf zurückzuführen, daß dort schon vor langer Zeit Verrat am Kommunismus begangen worden sei.

»Was für eine Verblendung!« schimpfte Kadare bei einem Spaziergang mit Preç Zogaj und mir. »Sie wollen Albanien wohl restlos zerstören. Und sich selber bereiten sie damit ein noch viel schlimmeres Ende, als es den Führern der anderen Länder des Ostens blüht. Denn sie machen aus den Albanern das antikommunistischste Volk der Welt.«

So mußte sich die Demokratische Partei, wenn sie ihrem Ideal der Integration Albaniens in die demokratischen Prozesse Europas treu bleiben wollte, nicht nur mit den Enveristen, sondern auch mit den Rechtsextremisten auseinandersetzen. Es ist schon ein Verdienst, daß man die Gefahr eines rechten Revanchismus schnell erkannte. Die Auseinandersetzung mit dem rechten Rand war wesentlich heikler als die mit dem linken. Gegen die stalinistische Linke war inzwischen jeder. Wenn man sich aber negativ über den Extremismus von rechts äußerte, dann passierte es oft, daß einem jemand ins Wort fiel:

»Das ist die Sprache Enver Hoxhas. Das wollen wir nicht hören ...«

Doch nicht nur in der Auseinandersetzung mit der extremen Rechten, sondern insgesamt war die Wahrscheinlichkeit einer Niederlage, des Scheiterns größer als die eines Sieges. Europa dort drüben verhielt sich fast indifferent und hatte seine Grenzen für Albaner geschlossen. Es waren schon ganz dramatische Ereignisse nötig, um ein paar vereinzelte Journalisten oder Kameraleute nach Albanien zu locken. Ab und zu ließ sich auch einmal ein Funktionär irgendeines Außenministeriums blicken, gewöhnlich ein subalterner, der nach zwei oder drei Tagen in der Überzeugung wieder abreiste, genau verstanden zu haben, was sich in Albanien abspielte. Er glaubte, für den Bericht, der von ihm verlangt wurde, genügten ein paar Treffen in der behaglichen Bar des Hotels »Dajti« mit ein paar nicht selten zufällig ausgewählten Vertretern politischer Parteien. Solche Berichte konnten bei den europäischen Regierungen nichts in Bewegung bringen. Uns, die wir über so viele Jahre hinweg die hohe Effektivität des Westens bewundert hatten, kam dieses Gebaren seiner Missionare absolut nicht normal vor. Doch wir lernten bald, daß nicht bloß der Sozialismus seine Bürger dazu erzogen hatte, Dinge nur pro forma zu tun. Auch die andere Schule brachte es fertig, sich im Angesicht gewaltiger Sorgen, des Dramas immerhin eines ganzen Volkes, auch wenn es nur drei Millionen Köpfe zählte, teilnahmslos zu verhalten.

Europa blieb für die vergrämten Bewohner dieser Ecke des Balkan weiterhin eine vage Luftspiegelung. Tausend Fragen gingen uns durch den Kopf. Eine war besonders beunruhigend:

»Ob Europa uns wohl für immer von seinem Integrationsprozeß ausschließen will?«

Diese Frage mußte gestellt werden. Sieht man von ein wenig humanitärer Soforthilfe ab, reichten uns die reichen Länder Europas nicht die Hand. Dieser Zustand dauerte bis zum Exodus vom 8. und 9. August 1991, bis also Italien angesichts einer Invasion grenzenlos Verzweifelter in seinen südlichen Hafenstädten gezwungen war, Albanien über einen Zeitraum von einigen Monaten hinweg einen Fonds von 30 Milliarden Lire zur Verfügung zu stellen. Wenn die Politiker Europas ernsthaft die Integration Albaniens in das friedvolle Leben auf dem Kontinent wünschten, dann hätten sie nicht zulassen dürfen, daß sich die komplexe Krise dort endlos, hoffnungslos hinzog. Gut, ewig würde sie nicht dauern. Es mußte zu einer Lösung kommen, aber dann mit Sicherheit zur unangenehmsten. Wenn sie sich keine Gedanken machten, taten es andere. Wußten die Regierungsvertreter in Paris, Rom, London, Bonn, Stockholm, Wien oder Madrid denn nicht, daß Albanien neben der Türkei das einzige europäische Land mit mehr als 65 % Moslems ist? Einem Gerücht in Tirana zufolge war eines der islamischen Länder bereit, mit einer Milliarde Dollar zum Bau von Moscheen beizutragen. Schon allein als Gerücht war dies beunruhigend. Das in klarer Spekulation zur Verfügung gestellte große Geld konnte die Saat des islamischen Integrismus zum Aufgehen bringen. Das Söldnertum hat auf dem ganzen Balkan seine Tradition.

Die Köpfe der Intellektuellen waren nicht nur während der ersten Monate des Pluralismus voller solcher Fragen, sondern auch noch später, als die Wahlen vorbei waren und feststand, daß die Regierungsgeschäfte mindestens noch für einige Zeit in den Händen der Kommunisten liegen würden. Das Volk urteilte oft anders. Der albanischen Mentalität entsprechend, suchten viele Menschen die Schuld bei sich selbst.

»Europa hat recht, wenn es uns den Rücken zukehrt«, sagten sie. »Dauernd beschimpfen wir es nur. Noch nie hatten wir ein gutes Wort für Europa übrig.«

Es war zum Lachen und zum Weinen zugleich. Man redete über Europa wie über eine alte Witwe, die nicht vergessen kann, daß in jungen Jahren über ihre Moral gelästert worden ist. Was konnte man nur tun, um den Zorn der Dame zu besänftigen?

Griechenland und Italien waren für die Albaner die beiden Haupteinfallstore nach Europa. Was sich in jedem der beiden Länder abspielte, war allerdings ganz unterschiedlich.

Nachdem die Masse der Flüchtlinge mit dem Versuch gescheitert war, beim hellenischen Nachbarn politisches Asyl zu erhalten, beschlossen sie, sich zu ducken und jede Bedingung zu akzeptieren. Sie entledigten sich mühelos ihrer Nationalität. So wurden über Nacht Zehntausende von Albanern mit rein albanischer Ahnenreihe zu von der Diktatur »entnationalisierten Griechen«. Das war die Erklärung dafür, daß sie kein Griechisch beherrschten, und außerdem sprach man auch noch nationalistische Gefühle der Einheimischen an. Wenn man sich die Gegenden ihrer Herkunft anschaute, mußte man zu dem Ergebnis kommen, daß die griechische Minderheit ganz Albanien bewohnte und daß anders, als es die Volkszählungen besagten, gar nicht die Griechen in Albanien die Minderheit waren, sondern eigentlich die Albaner selbst. Aber das war noch nicht genug. Bei einem Anteil von zwei Dritteln Moslems an der Bevölkerung war es logisch, daß viele von ihnen moslemische Namen hatten, vor allem Familiennamen. Auch das läßt sich regeln, sagten die Einwanderer. Wenn ihr uns bloß nicht vertreibt. Und sie wechselten Namen und Religion so leicht, wie man einen aus der Mode gekommenen Anzug ablegt. Ende Juli 1991 unterhielt ich mich mit einem Nachbarn, der seit einigen Monaten in der Umgebung von Athen ansässig war. Er war gekommen, um seine greise Mutter zu besuchen.

»Teufik, wie geht es dir denn?« fragte ich.

»Ich bin jetzt nicht mehr Teufik«, sagte er mit einem verlegenen Lachen, das klang wie bei einem ertappten Kind. »Ich bin jetzt Theofil.«

Und er hatte es eilig, mich aufzuklären:

»Es ist der gleiche Name, nur griechisch, Theo heißt Gott. Fil heißt Sohn. Gottes Sohn, verstehst du?« Und er lachte wieder dieses dämliche Lachen.

Jene, die das Geld hatten, forderten mehr als nur die Unterwerfung dieser armen Schlucker unter ihren Christengott. Letzten Endes ging es ja nur um dieses Geld. In ihrer Lage konnten sich die Albaner die Arbeit nicht selber aussuchen und schon gar nicht mehr Lohn verlangen, als man ihnen zu geben bereit war. Sie waren frisch von ihren Ketten befreite Sklaven, die jedes Geschenk demütig annahmen. Eine Tragödie! Das geschah in dem einzigen Balkanland, das zum

Vereinten Europa gehörte. Wer sollte diese erniedrigten Albaner beschützen? »Albanien, Erde ohne Kontinent«, hatte der Dichter Preç Zogaj ein Jahr zuvor geschrieben, als Albanien die Teilnahme an der Pariser Konferenz verweigert worden war. Allerdings war Albanien seit Juni 1991 vollberechtigtes Mitglied der KSZE. Gehörte seine Erde nun zu einem Kontinent? Die Psychologie des Buckelns vor den Ausländern, die das von den Albanern erträumte Geld hatten, war nicht nur bei den einfachen Bürgern festzustellen, sondern auch bei den Mitgliedern der sogenannten Regierung der Nationalen Stabilität. Obwohl Albanien mittlerweile einen eigenen Botschafter bei der KSZE hatte, brachte diese Regierung nie die Courage auf, bei der Konferenz gegen die unmenschliche Behandlung der albanischen Flüchtlinge in Griechenland zu protestieren. Oder in Italien, wo die Carabinieri am 7. und 8. August 1991 zehntausend Menschen in das Stadion von Bari einsperrten und vier Tage lang der sengenden Sonne aussetzten, nach der Methode, mit der die Conquistadores in Amerika wilde Pferde gezähmt hatten. Unterwarf sich die albanische Regierung freiwillig oder folgten die Regierungen der betreffenden Länder dem Prinzip, daß Hilfe nur dem gewährt wird, der sich unterwirft? Wie dem auch sei, so oder so hatte die Masse der einfachen Menschen die fatalen Folgen zu tragen, jene, die bei den Kundgebungen und Versammlungen gegen die Diktatur die Straßen und Plätze gefüllt, Prügeln oder sogar Kugeln ausgesetzt gewesen waren und sich nun, ehe sie sich dem neuen Zustand der Freiheit anpassen konnten, in einem erklärbaren Schockzustand befanden.

Tief im Innern waren sich die Auswanderer bewußt, wie tragisch ihr Schicksal war. Das bißchen Stolz, das noch irgendwo in ihrem zermürbten Ich steckte, mehr Krankheit als

Tugend, zeigte sich nur noch im Kontakt zu den in Albanien zurückgebliebenen Familien. Ich zitiere hier Auszüge aus einer Reportage, die der Schriftsteller Pëllumb Kulla am 31. Juli 1991 bei einer Reise durch Griechenland für die »Rilindja Demokratike« schrieb: »Ein Chirurg teilte seiner Frau am Telefon mit, er arbeite in einem Krankenhaus in Joannina, und log dabei noch nicht einmal, auch wenn er nicht die ganze Wahrheit sagte, denn dieser Arzt war im Krankenhaus bloß Leichentransporteur von der Station in die Leichenhalle. Er log am Telefon auch nicht, als er mitteilte, daß er (Leichen transportierend) einen sehr viel höheren Lohn bezog als je zuvor in seinem Leben mit dem Skalpell bei der Rettung von Menschenleben.

Hier nun, traurig und lächerlich zugleich, die Tätigkeiten, die sie wirklich ausüben, sowie die süßen Umschreibungen für das Ohr der Mama:

Putzkraft in einem Lokal: Ich bin in einer Firma verantwortlich für ästhetische Fragen.

Lichtein- und -ausknipser: Ich arbeite als Inspizient für das Beleuchtungswesen in einem Fünf-Sterne-Hotel.

Transportarbeiter bei der Post: Ich arbeite im Vertriebszentrum der seriösen Presse.

Lagerhelfer in einem Supermarkt: Ich bin Dispatcher für Waren des dringenden Bedarfs.

Mörtelanrührer: Ich bin Laborant in der Qualitätssicherung für Baustoffe.

Komik mit bitterem Beigeschmack. Und wir glauben es, weil wir es glauben wollen. Obwohl wir wissen, daß sie noch immer dieselben sind, nur wenige hundert Kilometer weiter im Süden. Kaum ein paar Wochen ist es her, seit sie durch den Regenbogen gegangen sind, und schon meinen wir, sie seien nun fähiger, kultivierter, gebildeter, schöner. Wie dumm von uns, daß wir das alles nicht gemerkt haben, aber die Griechen, die sehen so etwas sofort.«

Die Flüchtlinge in Italien verhielten sich völlig anders. Sie meinten, mehr Stolz demonstrieren zu müssen, als sie wirklich besaßen. Sie brachten es fertig, den Behörden die Prinzipien internationaler Menschenrechtsabkommen ins Gedächtnis zu rufen, die auch von der italienischen Regierung unterzeichnet worden waren. Und sie drohten sogar mit einem Hungerstreik. Und als sie merkten, daß die Erfüllung ihrer Forderung länger hinausgezögert wurde, als es ihrer schon vorher erschöpften Geduld zuträglich war, zeigten sie, daß dies keine leeren Drohungen waren: Sie traten in den angekündigten Streik. Und noch mehr: Als man die Polizei holte, um sie zur Ruhe zu bringen, stellten sie unter Beweis, daß sie viel sturer waren, als man ihnen ansah. Sie zogen auf die Straße.

Ich habe nie ganz verstanden, wieso die Flüchtlinge in Italien so anders waren als ihre Brüder, die in Griechenland hängenblieben. Um zur Apenninenhalbinsel zu gelangen, mußten sie erst Schiffe stürmen und die Besatzungen zum Auslaufen zwingen, schließlich besetzten sie, ebenfalls teilweise unter Gewalt, die Häfen von Bari und Brindisi. Dagegen waren die in Griechenland durch Gestrüpp gekrochen oder hatten sich ein falsches Visum besorgt. Vielleicht war es die Art, wie sie das Meer überwunden hatten, die ihnen das Zutrauen gab, auch weiterhin über das eigene Schicksal bestimmen zu können. Vielleicht hielten sie auch die Hilfsbereitschaft und das Mitleid der Einheimischen für ein Zeichen von Schwäche. Noch ehe sie mit den Herren des Landes einen Gruß getauscht hatten, fingen manche schon an, mit fester Stimme eine leichte, aber gutbezahlte Arbeit zu verlangen, ein behagliches Heim mit niedriger Miete oder am besten gleich kostenlos, und natürlich, warum auch nicht, sie hatten eine klare Vorstellung von den Städten, in denen sie am liebsten leben wollten. Sie trugen auf der Stelle die Großspurigkeit von Leuten zur Schau, die ihr Land ganz sicher nicht wegen ein paar kleinerer Bedürfnisse verlassen hatten.

Wer war schuld an den Ungerechtigkeiten in Griechenland, die Griechen durch die unzivilisierte Art, die albanischen Flüchtlinge zu nötigen, oder die Flüchtlinge selbst durch ihre primitive Unterwerfung unter die Patrone? Wer war schuld daran, daß kein freundschaftlicheres Verhältnis zwischen den albanischen Flüchtlingen und den Einheimischen in Italien entstand, die Albaner mit ihrer invasionsähnlichen Landung oder die Italiener mit ihrer Floskel »per carità«? Förderte oder behinderte der systematische Exodus Albaniens Annäherung an Europa? Daß bei vielen Albanern die Logik in fiebriger Ungeduld erstickte, beschleunigte oder verlangsamte dies die Annäherung? Und das von allen Parteien gleich hartnäckig verkündete Schlagwort, Albanien müsse wie Europa werden, nützte oder schadete es diesem erhabenen Wunsch des Volkes? Das sind Fragen, auf die es auch zehn Monate nach dem Sieg des Pluralismus noch keine Antwort gibt. Diese Antwort steht noch aus, weil es in Albanien weder Psychologen noch Politologen gibt, die imstande wären, derart komplizierte Entwicklungen zu erhellen. Wie mir scheint, fehlt es aber vorläufig auch an Politikern, die in der Lage wären, diese Entwicklungen schnell und richtig zu entwirren, um das Land ohne große Verspätung auf den Weg soliden Fortschritts zu bringen.

Es fehlt Albanien an vielem, das nötig wäre, um der Bevölkerung ihren großen Wunsch, sich als Bürger Europas zu fühlen, schneller erfüllen zu können. Das ist ein ererbter

Mangel. Eines aber, das Wichtigste, fehlt Albanien nicht: gerade dieser Wunsch, über die Kluft zum eigenen Kontinent endlich hinwegzukommen. Es weiß, daß nur durch die Hinwendung zu Europa Abhilfe geschaffen werden kann. Dieser Wunsch, dieses Wissen eines Volkes bedeuten für Europa ein Kompliment, aber auch eine Verpflichtung. Die große europäische Familie verdient diesen Namen nur, wenn keinem, der sich geistig und historisch zugehörig fühlt, die Aufnahme verweigert wird.

Eine kleine albanische Enzyklopädie

1.

Parolen der ersten Kundgebungen für die Demokratie

1. *Freiheit – Demokratie!*
2. *Nieder mit der stalinistischen Diktatur!*
3. *Nieder mit der Partei der Arbeit!*
4. *Enver – Hitler!*
5. *Nieder mit Enver, nieder mit Nexhmije, Albanien gehört uns!*
6. *Ramiz – Kaugummi!*
7. *Ramiz, du Gauner,*
du beschwindelst uns schon seit fünf Jahren!
8. *Ramiz, du Lump,*
wir hängen dich an einen Strick!
9. *Auch wir wie ganz Europa!*
10. *Freiheit für die politischen Gefangenen!*
11. *Schluß mit dem Klassenkampf,*
Albanien gehört allen Albanern!
12. *Wir wollen nationale Versöhnung!*
13. *Kosova Republik!*
14. *Achtung der Rechte der Albaner in Jugoslawien!*
15. *Milosevics Gewalt muß Einhalt geboten werden!*

2.

Enver Hoxha (1908–1985)

Aus dem *Albanischen Enzyklopädischen Wörterbuch*, veröffentlicht 1985 in Tirana:
Großer und ruhmreicher Führer der Partei der Arbeit Albaniens, der Sozialistischen Volksrepublik Albanien und des albanischen Volkes, hervorragender Revolutionär und Marxist-Leninist, der die Lehren von Marx, Engels, Lenin und Stalin getreulich verteidigte und weiterentwikkelte; Begründer und Organisator der Kommunistischen Partei Albaniens (seit 1948 Partei der Arbeit); legendärer Führer, Organisator und Stratege des Antifaschistischen Nationalen Befreiungskampfes und der Volksrevolution; Schöpfer und Leiter der neuen Staatsmacht der Diktatur des Proletariats; Gründer und Generalkommandeur der Streitkräfte der Sozialistischen Volksrepublik Albanien; hervorragende Persönlichkeit des internationalen Kommunismus und des Befreiungskampfes der unterdrückten Völker; größte historische Gestalt unseres Volkes und unserer Nation, die ihr ganzes Leben der Partei, dem Volk, dem Vaterland und der Sache des Kommunismus widmete. Erster Sekretär des ZK der Partei der Arbeit Albaniens, Vorsitzender der Demokratischen Front Albaniens, Vorsitzender des Verteidigungsrats des Vaterlandes. Zweimal Held des Volkes, Held der Sozialistischen Arbeit ... Die

Gestalt des Genossen Enver Hoxha ist eine große polyedrische Gestalt. Es gibt kein Feld der politischen, ideologischen und gesellschaftlichen Aktivität der Partei und des Staates, auf dem nicht sein philosophisches Denken, seine organisatorische Kraft und seine führende Tätigkeit zum Ausdruck gekommen sind. Selten läßt sich ein Mensch finden, in dem sich wie bei ihm der marxistische Denker und revolutionäre Führer, der militärische Kommandeur und der Staatsmann, der Diplomat und der Publizist, der tiefsinnige Intellektuelle und der Erzieher der Massen, der flammende Redner und der Freund der einfachen Menschen vereinigen. An der Spitze der Partei und des albanischen Volkes kämpfte, arbeitete und schuf er bis zum letzten Augenblick seines Lebens für das Wohl und den Wohlstand des Vaterlandes, für die große Sache des Sozialismus. Sein unschätzbares Werk und Erbe werden die Jahrhunderte überleben.

Nexhmije Hoxha (1921)

Wiederum aus dem *Albanischen Enzyklopädischen Wörterbuch*:
Hervorragende Aktivistin des Antifaschistischen Nationalen Befreiungskampfes und des sozialistischen Aufbaus, eine der Organisatorinnen der Partei und eine der wichtigsten Führerinnen der albanischen Jugend und der albanischen Frauen, Gattin und Mitarbeiterin des Genossen Enver Hoxha. Mitglied des Zentralkomitees der Partei der Arbeit seit ihrem Ersten Parteitag, Abgeordnete der Volksversammlung seit den ersten Wahlen (1945), Direktorin des Instituts für Marxistisch-Leninistische Stu-

dien. Heldin der Sozialistischen Arbeit. Hat sich stets als unermüdliche Kämpferin und Arbeiterin für die Verteidigung des Marxismus-Leninismus und die Anwendung der Linie der Partei ausgezeichnet, leistete und leistet einen wertvollen Beitrag zur marxistisch-leninistischen Erziehung der Kommunisten, zur Entwicklung der sozialistischen Bildung, der Kultur und Wissenschaft, zum unversöhnlichen Kampf gegen die bürgerliche und revisionistische Ideologie.

Ich habe Nexhmije Hoxha während des knappen Jahres kennengelernt, das ich an ihrem Institut arbeitete. Genauer gesagt, ich habe erfahren, wie sie die Mitarbeiter des Instituts für ihre Ziele einspannte, denn direkt zu sehen bekamen wir sie nur sehr selten, höchstens ab und zu auf einer Versammlung. Einmal, ich hatte meine Arbeit eben erst angetreten, wollte sie auch mich einspannen. Das war im Sommer 1989, wenige Wochen nach Gorbatschows Besuch in Peking und dem blutigen Epilog der studentischen Kundgebungen auf dem Tienanmen-Platz. Ich wurde in ihr Büro gerufen, und nachdem sie sich in ein paar Worten lobend über meine Kenntnis der Weltliteratur und Weltkultur geäußert hatte, warf sie mir einen Blick zu, der Widerspruch ausschloß, und sagte:

»Aber Literatur und Kultur lassen sich von Politik und Ideologie nicht trennen, oder?«

»So sagt Engels«, wich ich einer direkten Antwort aus.

Ihr Blick wurde noch insistierender.

»Und was sagst du?«

»Es gab stets Schriftsteller, auch bedeutende, die sich politisch betätigt haben«, startete ich einen weiteren Versuch, um eine eigene Meinungsäußerung herumzukommen.

Sie schüttelte hämisch den Kopf, um mir zu zeigen, daß sie mich durchschaut hatte.

»Du mußt Artikel gegen Glasnost schreiben. Selbstverständlich unter dem Aspekt von Literatur und Kunst«, sagte sie. Und starrte mich unverwandt an. Wenn Frauen es zu Einfluß in der Politik gebracht haben, sind sie noch schwerer zu ertragen als Männer.

Ich zuckte nur wortlos die Schultern. Nie hatte ich in einer schlimmeren Zwickmühle gesteckt. Sie ließ kein langes Schweigen zu. In einem etwas verbindlicheren Ton fuhr sie fort:

»Man muß dem Volk die Gefahr aufzeigen, die vom Gorbatschowismus auch für die Literatur und Kunst, die Kultur ganz allgemein ausgeht. Ich muß leider feststellen, daß es in der Presse, vor allem in der Presse des Schriftstellerverbandes, an solchen Artikeln mangelt.«

Um mich um eine Meinung zu diesem Problem zu drücken, griff ich zu einem leeren Blatt Papier und tat, als machte ich mir Notizen.

»Wem sollten wir diesen Kampf denn übertragen, wenn ihr, die fähigsten Söhne des Landes, ihn nicht übernehmt?« sprach sie, diesmal in pathetischem Ton.

Damit wäre das Gespräch zu Ende gewesen, doch ich wollte beim Gehen nicht den Eindruck zurücklassen, ich sei einverstanden. Ich wußte, daß sie gestellte Aufgaben systematisch überwachte. Wenn sie nach einer gewissen Zeit immer noch keine Artikel von mir in der Presse fand, hatte ich mit mehr Aggressivität zu rechnen. Andererseits war ich nicht mutig genug, um mich offen zu weigern.

»Ich kenne mich nicht genau genug in Glasnost aus, um mir ein Urteil erlauben zu können«, sagte ich in reichlich ängstlichem Ton.

»Was, du kennst dich nicht aus?! Du liest doch mehrere Sprachen«, erwiderte sie mit mühsam zurückgehaltener Nervosität. »Und soweit ich weiß, steht in der Bibliothek des Instituts reichlich Literatur zur Verfügung ...«

»Die darf man nur mit einer Sondergenehmigung lesen. Aber ich habe keine. Außerdem, ich kann ja nicht Russisch ...« Keine Ausrede war mir zu schade.

Sie warf mir einen forschenden Blick zu und schüttelte den Kopf.

»Das dient nicht der Partei«, sagte sie. Die Drohung war deutlich genug herauszuhören.

Schweigen trat ein. Ich wußte nicht, sollte ich gehen oder darauf warten, daß sie mich entließ. Immerhin, wir trennten uns im Einvernehmen. Ich würde mich speziell um das Verständnis der neuen Phase der Krise bemühen, in die Gorbatschow mit seiner Politik die sowjetische Kultur gestürzt hatte.

Die zweite Begegnung fand einige Monate später statt. Man hatte mir die Herausgabe der Erinnerungen von Haxhi Kroi übertragen, des Privatsekretärs von Enver Hoxha von 1949 bis zu seinem Tod am 11. April 1985. Ich war an dieser Aufgabe durchaus interessiert, weil ich mir bis zu einem gewissen Grad Zugang zum Innenleben der Diktatur erhoffte. Einem Schriftsteller kann so etwas sehr nützlich sein.

Die Ernüchterung kam rasch. Der Verfasser der Erinnerungen, mittlerweile hoch in den Siebzigern, war bloß noch ein Bankomat für Schlagworte. Trotzdem machte ich das Buch fertig. Aus den fast dreitausend Seiten, die er zu Papier gebracht hatte, wählte ich dreihundert aus. Wie es bei solchen Veröffentlichungen die Regel war, wurde das Buch, ehe es in die Druckerei ging, »der Direktorin« bzw. »der Genossin«, wie sie von den Beschäftigten des Instituts, den Apparatschiks des Zentralkomitees und den Offizieren des Sigurimi genannt wurde, zur Abnahme vorgelegt.

»In dieser Form kann es nicht herauskommen«, erklärte sie kategorisch, als sie es gelesen hatte.

»Bei all dem Material, das ich hatte, ein besseres Buch kam dabei nicht heraus«, erwiderte ich, mittlerweile etwas selbstsicherer als beim ersten Mal.

»Es geht nicht um das Material, das du zur Verfügung hattest. Es geht darum ...« Offensichtlich überlegte sie es sich im letzten Moment anders und brachte den Gedanken nicht zu Ende. Aber sie blieb schroff. In ihren Augen lag sogar regelrechte Wut. Doch »die Empfindsame«, wie sie Enver bei ihrem Decknamen aus der Kriegszeit zu rufen pflegte, verstand sich zu beherrschen.

Ich wartete Erklärungen ab, auf die ich antworten konnte.

»In diesem Buch ist der Genosse Enver ständig müde, ständig krank. Das ist doch nicht wahr«, sagte sie, bei den letzten Worten die Stimme erhebend. »Der Genosse Enver war ein unbeugsamer Mensch, ein Mensch mit stählernem Willen, der wie kein anderer über Ermüdung und Krankheit triumphierte. Du hast nicht die richtigen Episoden ausgesucht, in denen die wahre Persönlichkeit des Genossen Enver, die Größe seiner Gestalt zutage tritt. Das ist es doch, was das Volk in diesem Buch finden möchte. Nein, nein, in diesem Zustand kann von einer Veröffentlichung keine Rede sein.«

Beim Zuhören tat sie mir einen Moment lang fast leid. Sie schien dem Weinen nahe. Diese Frau hatte sich selbst in den Tagen der Trauer um ihren Mann keine Tränen erlaubt. Man verlangte nicht von mir, daß ich mich weiter mit diesen Erinnerungen befaßte. Ich weiß nicht, an wen die Aufgabe überging. Doch offensichtlich verhinderte der Gang der Ereignisse, daß das Buch fertiggestellt wurde, denn es ist nie erschienen. Das Ganze spielte sich im Herbst 1989 ab.

Die heftigste und endgültige Kollision mit der »Empfindsamen« hatte ich Anfang März 1990. Sie war der Grund, daß ich vollends aus dem Institut flog.

Seit meinem Brief an Ramiz Alia im Oktober 1989 bezog ich vom Institut nur noch ein Gehalt. Meine Mitarbeit war nicht mehr verlangt. Ich kannte den Grund. Zur gleichen Zeit hatte auch Neshat Tozaj einen Brief an Alia gerichtet. Und Ismail Kadare hatte eine Rezension über Neshats Roman »Die Messer« verfaßt und dabei die Gelegenheit genutzt, auf die Verletzung der Menschenrechte in Albanien hinzuweisen. Wir drei hatten uns untereinander nicht abgesprochen. Irgendwann im Oktober 1989 ging Ramiz Alia in einer geheimen Rede im Kreise einiger seiner engsten Mitarbeiter darauf ein und attackierte uns heftig als Vorhut der Glasnost in Albanien. Genug, daß er uns nicht zur Gruppe von Agenten abstempelte, wie es in solchen Fällen Tradition war. Alle anderen Etiketten klebte er uns auf. Ich erfuhr von Ismail und Neshat davon.

Anfang des Frühjahrs fand eine Plenartagung des Zentralkomitees statt, auf der unter anderem des Problem der Festigung der Verbindungen der Partei zu den Intellektuellen aufgeworfen wurde. In einer erweiterten Versammlung der Mitarbeiter des Instituts, auf der Ramiz Alias Rede auf dieser Plenartagung diskutiert wurde, sprach ich erneut die Probleme an, mit denen ich mich bereits in dem Brief beschäftigt hatte. Nexhmije Hoxha, die die Versammlung leitete, verlor die Selbstbeherrschung, vielleicht zum ersten Mal in ihrem Leben.

»Was du da sagst, stimmt nicht«, fiel sie mir ins Wort.

»Es stimmt«, antwortete ich. »Ich habe Belege dafür.«

»Ich weiß schon, was das für Belege sind, aber sie stimmen nicht. Ich habe sie überprüft, und sie stimmen nicht.«

Ich warf ihr einen erstaunten Blick zu. Sie wiederholte in noch kategorischerem Ton, sie wisse Bescheid über sämtliche Beispiele in meinem Kopf und habe sie einzeln überprüft.

»Und es gefällt mir gar nicht«, fuhr sie fort. »Es gefällt mir überhaupt nicht, daß du in den Chor der Weltreaktion einstimmst und unseren Sigurimi mit Ceauçescus Securitate vergleichst.«

»Ich bin mit Ihrer Reaktion auch nicht einverstanden. Ich spreche da ein sehr wichtiges Problem an. Und nicht zum ersten Mal, ich ...«

»Um so schlimmer, wenn du es nicht zum ersten Mal ansprichst«, unterbrach sie mich. Ich konnte nicht mehr sagen, wann das erste Mal gewesen war.

Sie zitterte. Sie war es nicht gewohnt, daß man ihr widersprach. Im Saal herrschte absolute Stille. Unter den Anwesenden befand sich auch Ramiz Alias älteste Tochter. Mein Blick kreuzte sich mit dem ihren, der auf mich gerichtet war. Der Ausdruck ihrer Augen war nicht zu lesen: War es Unterstützung, Erstaunen oder Ablehnung? Es hieß damals, sie habe großen Einfluß auf ihren Vater. In diesem Fall hing von ihrem Urteil auch seine Haltung mir gegenüber ab. Einen Moment lang fragte ich mich, ob ich mich da nicht blindlings in ein Abenteuer verrannt hatte, das gefährlicher war, als daß ich es hätte heil überstehen können. Aber für einen Rückzieher war es zu spät. Das Bild der Empörung, das »die Genossin« bot, verhieß nichts Gutes.

Sie setzte den Dialog nicht fort. Bebend vor Wut, bat sie um eine kurze Pause und ging selbst als erste hinaus. Die anderen, die ihr folgten, musterten mich aus den Augenwinkeln. Ihr Verhalten war erklärlich. »Die Direktorin« würde erfahren, wer es gewagt hatte, sich nach diesem Vorfall in meine Gesellschaft zu begeben. Sie hatten bereits eine ungewöhnliche Leistung vollbracht: sie hatten geschwiegen. Die Tradition hätte verlangt, daß sie allesamt über mich herfielen. Ich war ihnen dankbar und verlangte nicht mehr. Als letzter verließ ich den Raum und ging, den anderen nach, hinunter in die Bar. Ich war wie erstarrt und brauchte dringend einen Kaffee.

Den zweiten Teil der Versammlung begann sie damit, daß sie sich bei mir für ihre Nervosität entschuldigte. Offenbar hatte sie sich wieder gefangen.

»Ich bin etwas laut geworden«, sagte sie. »Aber es empört mich wirklich, wenn ich sehe, was für Angriffe auf den Sigurimi gestartet werden. Vor allem von einigen Schriftstellern. Ich behaupte nicht, daß im Sigurimi nicht auch Leute sind, die Fehler begehen. Aber alles in allem ist der Sigurimi sauber. Er führt getreulich die Befehle des Generalkommandeurs der Streitkräfte, Genossen Ramiz Alia, aus und trägt mit hoher Ergebenheit zur Stärkung unserer Volksmacht bei.«

Die Anspielung auf die »feindliche Gruppe« der Schriftsteller Ismail Kadare, Neshat Tozaj und Besnik Mustafaj war deutlich.

Eine Fortsetzung der Debatte erübrigte sich für mich. Sie wollte ebenfalls nicht und ging auf andere Themen über. Aber den Affront konnte sie nicht hinnehmen, so daß die Geschichte damit noch nicht zu Ende war. Am nächsten Morgen ließ sie mich zu einem Gespräch unter vier Augen in ihr Büro rufen. Ihre Freundlichkeit war angestrengt. Ich hatte keine Ahnung, wieso sie mich hatte rufen lassen.

»Trage mir noch einmal die Probleme vor, die du gestern

aufgeworfen hast«, forderte sie mich auf, nachdem sie sich noch einmal für ihr Verhalten bei der gestrigen Sitzung entschuldigt hatte.

Ich zuckte verwundert mit den Schultern.

»Oder noch besser, bringe alles genauestens zu Papier«, fuhr sie fort, als sei ihr diese Idee eben erst gekommen.

»Das brauche ich nicht aufzuschreiben. Sagen Sie der Sekretärin, sie soll es dem Protokoll entnehmen«, erwiderte ich.

»Ich will es aber von deiner Hand«, sagte sie entschieden. »Schreibe mir alles genau auf. Ich werde es Punkt für Punkt noch einmal überprüfen. Die Partei lehrt uns, den Kampf gegen das Übel zu Ende zu führen. Nur so ist dem Progreß geholfen, oder nicht?«

Ihre Stimme war so leise wie drohend. Sie mußte mir nicht erst sagen, was geschehen würde, wenn ich »verleumdet« hatte. Das konnte ich mir auch so vorstellen. Dennoch war es genau diese Drohung, die mich dazu herausforderte, meinen Diskussionsbeitrag schriftlich vorzulegen. Am selben Tag noch sollte ich von einer Stenotypistin erfahren, daß sowohl der Sekretär der Parteiorganisation als auch einer der Leiter des Instituts genaue Berichte über meinen Diskussionsbeitrag verfaßt hatten. Auch das Protokoll der Versammlung hatte sie abtippen müssen.

»Zu was brauchen sie das?« fragte ich Neshat Tozaj. Er hatte lange als Kriminalist im Innenministerium gearbeitet und konnte immer alles genau erklären.

»Sie wird den Sigurimi in Aktion versetzen«, antwortete er. »Das ist eine klare polizeiliche Gegenmaßnahme.«

»Was beabsichtigt sie damit?«

Neshat grinste vielsagend.

»Zerbrich dir darüber nicht den Kopf«, sagte er.

Ramiz Alia (1925)

Einer der hervorragendsten Führer der Partei und des Staates, enger Kampfgefährte und Mitarbeiter des Genossen Enver Hoxha während des Nationalen Befreiungskampfes wie auch in der Epoche des Aufbaus des Sozialismus. Erster Sekretär des Zentralkomitees der Partei der Arbeit Albaniens (seit April 1985), Generalkommandeur der Streitkräfte und Vorsitzender des Verteidigungsrats des Vaterlandes, Stellvertretender Vorsitzender der Demokratischen Front Albaniens ... Ramiz Alia ist eine hervorragende politische und gesellschaftliche Persönlichkeit und Staatsmann. Er hat stets mit beispielhafter Treue und Entschlossenheit für die Festigung der Partei und der Volksmacht, für den erfolgreichen Aufbau des Sozialismus, für die Erziehung der Kommunisten und der Werktätigen in der marxistisch-leninistischen Ideologie, für die Entwicklung der Bildung und Kultur, der Literatur und Kunst sowie der Wissenschaft gekämpft und gearbeitet. An der Seite des Genossen Enver Hoxha hat er mit Konsequenz und unerschütterlichem internationalistischem Geist für die Verteidigung des Marxismus-Leninismus und der Parteilinie gegen den jugoslawischen, sowjetischen und sonstigen Revisionismus aller Spielarten gekämpft. Er hat mit hoher Prinzipienfestigkeit den Klassenkampf geführt. Ramiz Alia ist ein entschlossener Kämpfer für die Verteidigung der Freiheit und Unabhängigkeit des Landes, für die Verteidigung der Siege der Revolution, gegen den Imperialismus und seine Helfershelfer innerhalb und außerhalb des Landes.

Alle diese Verdienste, wie sie im *Albanischen Enzyklopädischen Wörterbuch* hervorgehoben werden, haben ihm bei den ersten pluralistischen Wahlen im März 1991 nicht die notwendigen Stimmen eingebracht, um als Abgeordneter in das albanische Parlament einzuziehen. Da jedoch die Partei der Arbeit, an deren Spitze er weiterhin verblieb, mehr als zwei Drittel der Sitze im Parlament eroberte, wurde er erneut zum Präsidenten der Republik gewählt. Von der Opposition bekam er keine einzige Stimme.

Eine der Parolen, die bei den demokratischen Kundgebungen 1991 am meisten zu hören waren, ist »Ramiz – Kaugummi«. Wenn auch in etwas vulgärer Weise, so wird doch dieser Slogan Ramiz Alias Wesen als Politiker ziemlich gut gerecht. Vor allem nach der Einführung des Pluralismus gefiel er sich in der Rolle des Maklers im komplizierten politischen Leben des Landes. Hätte er diese Rolle ehrlich gespielt, wäre er beim Volk nicht auf soviel Haß gestoßen. Wahr ist, daß er zu Beginn der Studentenproteste ein Blutvergießen vermeiden half. Doch zwei Tage nach der Legalisierung des Pluralismus hielt er vor den Funktionären des Apparats des Zentralkomitees eine Rede, in der er den Studenten unterstellte, sie seien von ausländischen Geheimdiensten manipuliert. Vor allem von der CIA. Ohne Namen zu nennen, ließ er durchblicken, daß er uns meinte, die Intellektuellen, die dazu beigetragen hatten, diesen Prozeß erfolgreich zu Ende zu bringen. Offenbar hatte er nicht damit gerechnet, daß die Demokratische Partei so rasch gegründet werden würde.

Noch ein anderes Beispiel: Unter dem Druck seines Umfelds oder aus Überzeugung nahm er stets eine entschieden ablehnende Haltung gegenüber der Forderung der Studenten ein, den Namen Enver Hoxhas von der Universität zu nehmen. Als dann aber eine hunderttausendköpfige Menge den Skanderbegplatz füllte und das Denkmal nicht nur stürzte, sondern sogar unschön durch die Straßen der Studentenstadt schleifte, schoß die Polizei nicht. Ramiz Alia kann bei dieser Entscheidung nicht abseits gestanden sein. Doch schon tags darauf, am 21. Februar, erklärte er vor den Offizieren des Innenministeriums, die ihn herbeizitiert hatten, um Rechenschaft von ihm zu verlangen:

»Ich gab Befehl, Schußwaffen einzusetzen.«

Dies erklärte er am gleichen Tag auch vor den Offizieren des Verteidigungsministeriums.

Bis heute ist ungeklärt geblieben, ob er einen solchen Befehl tatsächlich gegeben hat. Immerhin, das Spiel entspricht ganz seinem Stil.

Unter dem Druck einmal der einen, dann wieder der anderen Seite unentwegt sich biegend, verlor er allmählich die Unterstützung aller politischer Kräfte des Landes. Nur einen Monat, nachdem sie ihn zum Präsidenten gewählt hatten, startete eine Gruppe von Abgeordneten seiner Partei den Versuch, ihn zu stürzen. Doch der Antrag verfehlte die von der Verfassung vorgesehene Stimmenzahl. Wir, die Abgeordneten der Opposition, unterstützten ihn nicht. In jenen Tagen ging eine Welle von Streiks und Kundgebungen mit der Forderung nach Rücktritt der Regierung Fatos Nano über Tirana und alle größeren Städte hinweg. Die dogmatischen Kräfte, die sich vor allem in den abgelegenen Bezirken konzentrierten, sprangen mit ihren Abgeordneten im Parlament der Regierung bei. Insbesondere verlangten sie von Ramiz Alia, sich ihrer Position anzuschließen und unter Einsatz der Armee die Streikenden und Kundgebungsteilnehmer zum Rückzug zu zwingen. Sie waren bereit, das Land in einen Bürgerkrieg zu stürzen. Als Ramiz Alia sich nicht uneingeschränkt auf ihre Seite schlug, fingen sie an, ihm die Schuld an der Lage zu geben und ihm zu drohen. Hier der vollständige Text eines der vielen Dutzend Ultimaten, die in diesen Tagen beim Parlament eingingen:

Ultimatum an Ramiz Alia

Zur Kenntnis an:
Vorstand der Volksversammlung
Ministerrat und Premierminister Fatos Nano Zentralkomitee der Partei der Arbeit Albaniens
Ministerium für Volksverteidigung
Ministerium für öffentliche Ordnung.
Die Bezirke: Erseka, Pogradec, Korça, Kukës, Tropoja, Dibra, Mat, Mirdita, Librazhd, Gramsh, Berat, Vlora, Saranda.

Das Vaterland ist in Gefahr!

Wir, die Vertreter der Bevölkerung der Mallakastra, von Tepelena, Gjirokastra, Permet und Skrapar, haben uns zu einem Treffen zusammengefunden, um die schwierige Situation zu diskutieren, die das Land durchmacht, und übermitteln Ihnen folgendes Ultimatum:

1. *Verantwortlicher Nummer eins für diese Situation sind Sie, Herr Ramiz Alia.*
2. *Wir werden unverändert nur die von Fatos Nano geleitete Regierung und keine andere anerkennen.*
3. *Stabilisieren Sie in Zusammenarbeit mit den anderen politischen Kräften die Situation und geben Sie uns bis zum 31. Mai 1991, 1.00 Uhr, Antwort.*

4. Andernfalls wird sich das bewaffnete Volk keinem Ihrer Befehle mehr beugen. Es wird nur noch seinem Willen, das eigene Schicksal selbst in die Hand zu nehmen, gehorchen und auf eigene Initiative den Ausnahmezustand ausrufen. Und wir werden nach Tirana marschieren.

(Gjirokastra, den 30. 5. 1991)

In Präsenz von Nexhmije Hoxha fing Ramiz Alia an, reihenweise Vertreter dieser Bezirke zu empfangen, alles Chefs der lokalen Komitees der Partei der Arbeit. Im Fernsehen wurden ausführliche Chroniken gebracht. Die »Empörten« entfernten sich in der Überzeugung, daß der Präsident der Republik und ihrer Partei zu ihnen hielt, was wiederum jene, die danach strebten, als unerläßliche Voraussetzung für die Errichtung einer wirklichen Demokratie dem Kommunismus in Albanien so rasch wie möglich den Garaus zu machen, noch schlimmer irritierte. Daraufhin wurde auf den Kundgebungen noch lauter »Ramiz – Kaumgummi« gerufen.

Adil Çarçani (1922)

Aus dem *Albanischen Enzyklopädischen Wörterbuch*:
Einer der hervorragenden Führer der Partei und des Staates, Mitglied des Politischen Büros des Zentralkomitees der Partei der Arbeit Albaniens, Vorsitzender des Ministerrats der SVR Albanien (seit 1982) ... In den sehr wichtigen Aufgaben und Funktionen, mit denen ihn die Partei betraut hat, arbeitete und arbeitet er mit hohem Be-

wußtsein für die Umsetzung und Verteidigung der Linie und der Beschlüsse der Partei, er leistete und leistet einen großen Beitrag zur Festigung der Volksmacht, zur allseitigen Entwicklung der sozialistischen Wirtschaft und Kultur sowie zur Stärkung der Vaterlandsverteidigung. Stets hat er entschlossen für die Verteidigung der marxistisch-leninistischen Linie der Partei gegen Imperialismus, den modernen Revisionismus und alle inneren und äußeren Feinde gekämpft.

Man sieht, daß die Arbeitsgruppe der Akademie, der die Ausarbeitung der albanischen Enzyklopädie zu verdanken ist, seine Verdienste wunderbar herauszustreichen gewußt hat. Sie hat nur zu sagen vergessen, daß er kein Universitätsstudium abgeschlossen hat. Auf dem ersten Treffen der Studentendelegation mit Ramiz Alia in den frühen Morgenstunden des 9. Dezember 1990 wandte Azem Hajdari sich mit folgenden Worten an den Präsidenten:

»Adil Çarçani ist ebenfalls zu uns gekommen und hat uns Märchen erzählt. Aber ihm geben wir keine Schuld. Die Schuld geben wir Ihnen, der Sie sich dadurch über uns lustig machen, daß Sie ihn zu uns schicken.«

»Wie? Ich mache mich lustig über euch, indem ich den Premierminister zu euch schicke?« erwiderte Ramiz Alia.

Die Studenten grinsten und wandten sich wieder ihren Forderungen zu.

Kaum zwei Wochen später löste Adil Çarçani Nexhmije Hoxha an der Spitze der Demokratischen Front Albaniens ab, was als Signal für seine baldige Ablösung als Premierminister gelten durfte.

Manush Myftiu (1919)

Aus dem *Albanischen Enzyklopädischen Wörterbuch*: *Einer der hervorragenden Führer der Partei und des Staates, Mitglied des Politischen Büros, Stellvertretender Vorsitzender des Ministerrats der SVRA . . . In sehr wichtigen Aufgaben und Funktionen leistete und leistet er einen großen Beitrag zur Festigung der Partei und der Volksmacht. Er hat entschlossen für die Verteidigung der marxistisch-leninistischen Linie der Partei gegen Imperialismus, den modernen Revisionismus und alle inneren und äußeren Feinde gekämpft.*

Offenbar waren die albanischen Enzyklopädisten ganz behext von Manush Myftius jahrzehntelangem Beitrag zur Kunst und Kultur als dafür zuständiger Stellvertretender Ministerpräsident. Und sie vergaßen, zu erwähnen, daß er bis zu seiner Pensionierung im Juli 1990 jahrelang Vorsitzender der Zentralkommission für Internierung bei der Regierung war. Tausende unschuldiger Familien aus ganz Albanien wurden auf seinen Befehl hin ohne jedes Gerichtsurteil interniert und verfolgt.

Er war das erste Mitglied der alten Führung, das im Herbst 1991 verhaftet wurde. Aber nicht für das unter seinem Kommando systematisch vollzogene Genozid. Er wurde wegen Unterschlagung angeklagt. Allerdings ist festzuhalten, daß in dem Parlamentsbericht zu den Veruntreuungen durch die Nomenklatura Manush Myftiu auf der Liste nicht ganz oben stand. Gerüchten zufolge begannen die Verhaftungen bei ihm, weil er und Ramiz Alia sich nie besonders sympathisch gewesen waren, um es vorsichtig auszudrücken. Das heißt, Alia bot sich die Gelegenheit, eine alte Rechnung zu begleichen. Dieser allerdings ungesicherte Grund wie auch sein hohes Alter von 72 Jahren bewirkten, daß in der öffentlichen Meinung, trotz des tiefen Hasses auf die »Blockleute« diese Verhaftung nicht uneingeschränkt gutgeheißen wurde. Nach Informationen des Forums für die Verteidigung der Menschenrechte erlitt er, wenige Tage nachdem er in die Zelle gesperrt worden war, einen Schlaganfall. Trotzdem durfte er das Gefängnis nicht verlassen.

Hekuran Isaj (1933)

> Aus dem *Albanischen Enzyklopädischen Wörterbuch*: *Einer der Führer von Partei und Staat, Mitglied des Politischen Büros des Zentralkomitees der PAA (seit 1975). Innenminister. Stählte sich als Revolutionär zunächst als Arbeiter, dann als Kader, wobei er sich als Organisator und durch seine engen Verbindungen zu den Massen auszeichnete. Schloß die Parteihochschule »W. I. Lenin« ab... Leistete und leistet einen großen Beitrag zur Festigung der Partei und des Staates der Diktatur des Proletariats, hat entschlossen für die Verteidigung der marxistisch-leninistischen Linie der Partei gegen Imperialismus, den modernen Revisionismus und alle inneren und äußeren Feinde gekämpft.*

Wie man sieht, billigte ihm die Albanische Akademie nur das Prädikat »Führer von Partei und Staat« zu. Er war nicht »hervorragend«. Ihn muß man dem zweiten Glied der Führer zurechnen, die Mitte der siebziger Jahre in der Pyramide aufstiegen, und zwar nach Envers drastischen Säuberungen, bei denen fast die Hälfte des Politbüros vor dem Erschießungskommando landete, lauter kommunistische Kämpfer der ersten Stunde. Er ersetzte sie durch »würdige Söhne der Arbeiterklasse«, die »wachsam darauf achten« sollten, daß die Partei ihren proletarischen Charakter bewahrte. Dazu brauchten sie kein Universitätsstudium.

Hekuran Isaj war derjenige aus dieser Plejade, der die größten Verantwortlichkeiten erhielt. Zunächst wurde er Sekretär des Zentralkomitees der Partei. Nach den Säuberungen des Jahres 1982, bei denen auch Premierminister M. Shehu weggefegt wurde, rückte er auf den Posten des Vizeinnenministers und dann Innenministers, was er lange Zeit blieb. Kurz kehrte er auf den Posten eines Sekretärs des ZK der Partei zurück. Aufgrund der Botschaftsereignisse im Juli 1990 mußte Innenminister Simon Stefani sein Amt abund erneut an Hekuran Isaj übergeben.

Im ersten Jahrzehnt seiner steilen Karriere präsentierte sich Hekuran Isaj als einer der eifrigsten Jünger Enver Hoxhas. Nach des »Vaters« Tod wechselte er allmählich auf den Reformflügel über, ja, er gehörte sogar zu seiner Vorhut. Auf dem 10. Parteitag der Partei der Arbeit im Juni 1991, dem Parteitag ihrer Konvertierung in eine sozialistische Partei, hielt er eine enorm radikale Rede, für die er von den Delegierten ausgepfiffen wurde. Anfang Juli, wenige Wochen nach seiner Absetzung, erklärte er in »Zëri i Rinisë«, Ramiz Alia sei in alle Verbrechen des Sigurimi vor und nach Einführung des Pluralismus direkt verwickelt gewesen. Dieses Interview kam ihn teuer zu stehen. Nach Manush Myftiu war er das zweite altgediente Führungsmitglied, das verhaftet wurde, und zwar ebenfalls unter dem Vorwurf der Unterschlagung. Auf der Liste, die dem Parlament vorgelegt wurde, figuriert er, was die veruntreuten Summen angeht, dagegen erst an siebter Stelle. Angesichts der Tatsache, daß es zu keiner weiteren Verhaftung unter Mitgliedern des Politbüros kam, meinten viele Menschen, auch hier habe Präsident Alia eine Rechnung beglichen.

Simon Stefani (1929)

Aus dem *Albanischen Enzyklopädischen Wörterbuch*: *Einer der Führer von Partei und Staat, Mitglied des Politischen Büros des Zentralkomitees der PAA (seit 1976). Wuchs heran und stählte sich als revolutionärer Arbeiter und als entschlossener Kader für die Sache der Partei ... Leistete und leistet einen großen Beitrag zur Festigung der Partei, des Staates der Diktatur des Proletariats und der sozialistischen Wirtschaft. Hat entschlossen für die Verteidigung der marxistisch-leninistischen Linie der Partei gegen Imperialismus, den modernen Revisionismus und alle inneren und äußeren Feinde gekämpft.*

In der Enzyklopädie ist nicht vermerkt, daß er außer der großen revolutionären Schule im Schoße der Arbeiterklasse auch noch die Kaderschmiede »W.I. Lenin« besucht hatte. Das war auf jeden Fall genug, um eine der bestimmendsten Figuren im politischen Leben Albaniens zu werden. Fast zehn Jahre lang hatte er den Posten eines Sekretärs des Zentralkomitees der Partei inne, den ihm Enver Hoxha Ende der siebziger Jahre anvertraut hatte. Unter anderem leitete er die Ministerien für Inneres und für Verteidigung. Er wurde später wieder Innenminister, verlor aber dieses Amt bald wieder wegen seines Mißerfolgs bei den Botschaftsereignissen im Juli 1990. Danach machte man ihn zum Vorsitzenden der

Staatsplankommission, immer noch im Rang eines Mitglieds des Politbüros. Als einer der wichtigsten Leute Nexhmije Hoxhas wurde man ihn nicht so leicht los. Aus der Machtspitze flog er erst, nachdem die Schreckliche Witwe um ihre »Entlassung gebeten« hatte. Drei Tage später, am 23. Dezember 1990, meldete »Zëri i Popullit« in zwei Sätzen, daß auch Simon Stefani in Rente gegangen war.

Fatos Nano

Als das *Enzyklopädische Wörterbuch* 1985 veröffentlicht wurde, hatte Fatos Nano noch nicht die Aufmerksamkeit der »Enzyklopädisten« auf sich gelenkt. Er war noch dabei, langsam, aber sicher die Karrieretreppe im Institut für Marxistisch-Leninistische Studien zu erklimmen, wo er es bis zu einer der wichtigsten Leitungspositionen brachte. In einem Interview mit »Zëri i Rinisë« im Oktober 1991 beschrieb ihn Azem Hajdari so: »Er ist ein Mensch, der lange und fließend zu reden versteht, ohne etwas zu sagen.« Dank dieser seiner Fähigkeit und als marxistisch-leninistischer Wirtschaftstheoretiker schrieb er zwei Bücher, eines gegen die in China nach 1978 beginnenden Reformen unter dem Titel »Chinas Wirtschaftspolitik, um Supermacht zu werden« (Tirana 1984) und ein anderes gegen Gorbatschows Perestroika unter dem Titel »Der sowjetische Sozialimperialismus in der Weltwirtschaft« (Tirana 1987). Durch diese Werke sowie zahlreiche Artikel in den wichtigsten Zeitungen und Zeitschriften sicherte er sich nicht nur eine für sein Alter ungewöhnliche Karriere, sondern auch den Doktortitel in den Wirtschaftswissenschaften. Nach der Einführung des Pluralismus betrachtet er die Erwähnung dieser »Werke«, der einzigen unter seiner Autorenschaft, als persönlichen Angriff. Dennoch hat er von sich aus nicht die kleinste Geste unternommen, um sich von ihnen zu distanzieren, etwa durch Rückgabe seines sogenannten Doktortitels.

Mit der uneingeschränkten Unterstützung sowohl von Ramiz als auch Nexhmije machte er sich im Herbst 1990 auf zu den höchsten Gipfeln der Macht. Im Oktober erhielt er den Posten eines Generalsekretärs des Ministerrates. Im Dezember wurde er Vizevorsitzender und im Februar Vorsitzender des Ministerrats. Ende April betraute ihn Präsident Alia erneut mit der Bildung der neuen Regierung, an der sich die Demokratische Partei wie die anderen Oppositionsparteien teilzunehmen weigerten. Anfang Juni war er zum Rücktritt genötigt. Einige Tage danach fand der 10. Parteitag der Partei der Arbeit statt, bei dem er, immer noch mit der Unterstützung beider Flügel, also von Ramiz und Nexhmije, an die Spitze der Partei gewählt wurde, die man gleichzeitig in »Sozialistische Partei« umtaufte.

Sejfulla Malëshova

Eine der glänzendsten Gestalten der albanischen Kultur im 20. Jahrhundert. Hervorragender Dichter, Übersetzer und Journalist. Schloß sich während des Nationalen Befreiungskampfes der Kommunistischen Partei an und stieg bis in ihre Führungsspitze auf. Erstes Opfer von Enver Hoxhas Säuberungen. War 1946 Kulturminister und wurde als »Abweichler und Opportunist der bürgerlichen Ideologie gegenüber, der den Klassenkampf auf dem Gebiet der Kultur nicht konsequent führt«, aller Ämter enthoben. Den Rest seines Lebens bis zu seinem Tod zu Beginn der siebziger Jahre verbrachte er einsam in der Internierung, mit einem Druckverbot belegt und in völliger wirtschaftlicher Verarmung. Erst nach der Einführung des Pluralismus, mit dem die Partei der Arbeit ihr Informationsmonopol verlor, begann man offen und mit Achtung von ihm zu sprechen. Im *Albanischen Enzyklopädischen Wörterbuch* findet sich kein Wort über ihn.

Ibrahim Rugova

Einer der bedeutendsten Vertreter der albanischen Intelligenz. In den Essays, durch die er bekannt wurde, behandelte er insbesondere Probleme der älteren albanischen Literatur und Kultur. Er hat diesen wertvollen Bestandteil des nationalen Kulturguts zutage gefördert, und zwar in direktem Widerspruch zu der völligen ablehnenden Haltung, die von der Albanischen Akademie wegen der mit der herrschenden Ideologie unvereinbaren »Biographie« dieser Autoren eingenommen wurde, die alle Priester waren.

Als Vorsitzender der Gesellschaft der Schriftsteller Kosovas war Ibrahim Rugova der Initiator zur Bildung der größten Partei der Albaner in Jugoslawien, der Demokratischen Liga von Kosova, der ersten Oppositionspartei nicht nur in der Republik Serbien, der Kosova juristisch zugeordnet ist, sondern in ganz Jugoslawien. Als Vorsitzender dieser Partei leistet Rugova einen unentbehrlichen Beitrag zum Kampf, den die Albaner in Jugoslawien mit demokratischen Mitteln für die Verwirklichung der von der UN-Charta oder auch der Schlußakte von Helsinki garantierten Rechten führen, die ihnen vom rücksichtslos nationalistischen Regime in Belgrad immer noch vorenthalten werden.

Im Mai 1991 war ich auf Einladung des slowenischen

PEN-Clubs unterwegs zur Konferenz »Die Schriftsteller und der Nationalismus« in Ljubljana und kam dabei zum ersten Mal nach Prishtina. Dort erzählte man mir von einem Albaner, der in jenen Tagen von der serbischen Polizei verhaftet worden war. Man hatte zwei Handgranaten bei ihm gefunden.

»Wozu brauchst du die?« fragte man ihn.

»Um sie auf Ibrahim Rugova zu werfen«, antwortete er.

Die Polizei, die erfreut über die Gelegenheit war, sich den »albanischen Ghandi«, wie Rugova in westlichen Zeitungen oft genannt wird, vom Hals zu schaffen, zeigte sich bereit, den Verhafteten samt seiner Granaten ohne Anklage wieder freizulassen. Im letzten Moment fiel einem der Polizisten aber doch noch ein, ihn zu fragen, weshalb er Rugovas Tod wollte.

»Warum? Wäre er nicht gewesen, hätte ich die Handgranaten schon längst auf euch geworfen. Besser, wir sind ihn los, dann können wir endlich mit euch abrechnen.«

Er hatte selbstverständlich nicht vorgehabt, Rugova umzubringen. Die Geschichte zeigt allerdings, an welch kritischen Punkt die Spannungen zwischen Albanern und Serben gekommen sind. In dieser Situation ist die Mission, der sich Rugova mit seiner Partei widmet, um einen Krieg zu vermeiden, nicht hoch genug einzuschätzen. Über Rugovas Beitrag zur Literatur oder auch Politik ist in der albanischen Enzyklopädie ebenfalls kein Wort zu finden.

Sali Berisha (1944)

O Sali, Sali Berisha,
Mit zwei Fingern[10] *hast du uns gelehrt,*
Demokraten zu werden,
wenn wir erst größer sind.

Auch die naive Sprache dieses Kinderlieds hilft die ungewöhnliche Popularität zu erfassen, die sich Berisha in kurzer Zeit erworben hat. Im ganzen Land als Kardiologe bekannt und respektiert, erweckte Berisha vor allem im Jahr 1990 die Aufmerksamkeit all derer, die in Albanien die Demokratie herstellen wollten. Bei dem Treffen, das Ramiz Alia im August 1990 mit einer Gruppe von Intellektuellen aus Tirana hatte, war er der einzige, der auszusprechen wagte, daß Albanien den Pluralismus brauchte. Ramiz Alia führte darüber eine heftige, mit versteckten und offenen Drohungen versetzte Debatte mit ihm. Als das Protokoll der Versammlung zum Studium durch die kommunistische Basis in ihren Grundorganisationen veröffentlicht wurde, ließ sich feststellen, daß die Diskussion mit Dr. Berisha erheblich verfälscht worden war. Um zu unterstreichen, daß er von seinen Ansichten nicht abgerückt war, veröffentlichte Dr. Berisha in »Bashkimi« einen Artikel, der dazu führte, daß Q. Sakajeva, dem Chefredakteur der Zeitung, mit Entlassung gedroht wurde.

Es folgte ein von der ausländischen Presse vielzitiertes Interview mit »Drita«. »Oben« war man der Meinung, daß nun andere Saiten aufzuziehen seien. Der Sigurimi lud Leute vor und übte Druck auf sie aus, damit sie aussagten, Sali Berisha versuche das Regime gewaltsam zu stürzen. Bei der Diskus-

10 Das V-Zeichen ist gemeint

sion mit Dr. Berisha hatte Ramiz Alia dem Sigurimi das Signal zum Handeln gegeben, als er erklärte, »die Weltreaktion« ziele darauf ab, »den Parteienpluralismus dazu zu benutzen, die Staatsmacht in Albanien gewaltsam zu stürzen«. Das heißt, Dr. Berisha, der sich für den Pluralismus einsetzte, wenn auch nur zurückhaltend, stellte sich damit in den Dienst der Weltreaktion. Bei Berisha versteifte man sich, ich weiß nicht warum, diesbezüglich auf die CIA. Vielleicht, weil in Albanien schon seit zehn Jahren keine Diversionistengruppe der CIA mehr »entlarvt« worden war. Nur noch Beweise mußten gegen Berisha beigebracht werden, was für den Sigurimi an sich keine Schwierigkeit bedeutete. Nach den herrschenden Gesetzen reichten die belastenden mündlichen Aussagen dreier Personen.

Der Sigurimi hatte keine Zeit mehr, das Dossier fertigzustellen. Plötzlich überstürzten sich die Ereignisse. Mit der Einführung des Pluralismus wurde der Vorwurf hinfällig. Doch ließ der Sigurimi nicht von seiner Absicht ab, diese »für Albaniens Geschicke gefährliche« Person zu liquidieren. Nach der Einführung des Pluralismus gerieten Polizei und Sigurimi in einen gewissen Widerspruch zueinander. Die Polizei hatte sich mit den aufrührerischen Massen auseinanderzusetzen und mußte vor der albanischen und ausländischen öffentlichen Meinung in einem Maße Verantwortung für die Einhaltung der Demokratie übernehmen, auf die sie weder psychologisch noch vom beruflichen Standpunkt aus vorbereitet war. Der Sigurimi, der seine Geschäfte in aller Heimlichkeit abwickelte, genoß dagegen einen Komfort, den die Polizei ihm neidete. Hieraus erklärt sich, daß die Polizei im dem einen oder anderen Fall auf eine Weise verfuhr, die nicht in die Strategie der Gewalt paßte, der sich die Partei der Arbeit insgesamt bediente. Dazu gehörte die Festnahme eines Menschen, der Ende Dezember 1990 ein Attentat auf Berisha verüben wollte, weil einige Monate zuvor sein Vater angeblich wegen einer falschen Behandlung durch den Doktor gestorben war. Ein ordinärer Racheakt, der den absolut sinnlosen Tod eines Menschen bedeutet hätte, dem inzwischen Hunderttausende vertrauten. Die Verhaftung löste in Tirana einiges Aufsehen aus. Doch mittlerweile überschlugen sich die täglichen Ereignisse so, daß diese Sensation schnell in Vergessenheit geriet. Berisha selbst kümmerte sich nicht weiter um den Verhafteten. Was aus ihm wurde, ließ sich auch nicht mehr in Erfahrung bringen. Offenbar nahm ihn jemand unter seine Fittiche.

Die Angriffe auf Dr. Berisha hörten niemals auf. Einen Höhepunkt erreichten sie während des Wahlkampfs im März 1991. Die Partei der Arbeit bediente sich nun einer anderen Taktik, um ihn auszuschalten. Mit Hilfe der Presse und auf jede andere Weise wurden Verleumdungen verbreitet. Die Albaner Jugoslawiens und in der Diaspora wurden an ihrer empfindlichsten Stelle berührt. Man behauptete, Sali Berisha sei mit einer Serbin verheiratet. Folglich arbeite er für Milosevic. Innerhalb des Landes versuchte man dagegen, die öffentliche Meinung mit der Behauptung zu beeinflussen, er sei gegen die Bauernschaft (also gegen rund 70 Prozent der Bevölkerung). Er wolle das Land an die Eigentümer vor der Landreform im Jahre 1946 zurückgeben, was nicht stimmte. Weil er aus dem Norden stammte, war er gegen den Süden (strebte also eine regionale Spaltung an, was für Albanien eine alte Wunde ist), was ebenfalls nicht stimmte. Man behauptete, er wolle Albanien in amerikanisches Fahrwasser bringen und sei gegen den geheiligten Traum der Albaner, die Integration in Europa. Auch dies war eine Verleumdung.

Die Verunglimpfungen verfehlten ihre Wirkung. Doch

konnte dieser Mißerfolg Ramiz Alia und seine freiwilligen Helfer nicht entmutigen. Seinen dritten Höhepunkt erreichte der Feldzug im Herbst 1991, und zwar wieder mit einer neuen Taktik. Nun galt es zu verhindern, daß Sali Berisha zum albanischen Jelzin wurde. Der Angriff wurde diesmal gerissener vorgetragen. Täglich gab es in »Zëri i Popullit« mindestens einen Artikel über ihn. Die Abgeordneten der Partei der Arbeit ließen im Parlament keine Gelegenheit aus, ihn persönlich zu attackieren. Die Radikalen, derer es noch immer zahlreiche gab und die stets bereit waren, auf die Straße zu gehen, wurden daran erinnert, daß ihr »Führer« ein Exmitglied der Partei der Arbeit war. Nicht von ihrem Schlag. Mit ihm an der Spitze ließ sich der Kommunismus nicht ausrotten. Der Abgeordnete F. A., Vizepräsident des Obersten Gerichts bis zum Juli 1991, erwähnte in einer vom Fernsehen vollständig übertragenen Replik, Sali Berisha sei in den Häusern der Politbüromitglieder ein- und ausgegangen. Habe also von ihren Privilegien profitiert. Wahr ist, daß Dr. Berisha 1978/79 der Ärztegruppe angehörte, die Hysni Kapo behandelte, Sekretär des ZK der Partei der Arbeit und Enver Hoxhas rechte Hand, der in dieser Zeit an Pankreaskrebs starb. In Ausübung seiner ärztlichen Pflicht hatte er auch andere Mitglieder der Nomenklatura behandelt. Niemals jedoch Enver Hoxha. Ebenso ist es eine Tatsache, daß er die ganze Zeit ein einfacher Professor an der medizinischen Fakultät blieb und in keines der zentralen Foren der Partei gewählt wurde, wie das bei anderen Ärzten der Fall war, die sich um die Führung kümmerten. Berisha antwortete seinem im Glauben, die Achillesferse seines »Opfers« getroffen zu haben, zufrieden lächelnden Vorredner:

»Vor Gott und dem Arzt sind alle Menschen gleich. Würden sich Patienten von mir aus dem Grab erheben und meiner Hilfe bedürfen, ich würde ihnen ohne Zögern wieder beistehen.«

Der ebenfalls nicht geringen Zahl von Reformern, die eine Veränderung der gesellschaftlichen Strukturen ohne brutale Umbrüche wollten, präsentierten »Zëri i Popullit« und die unzähligen anderen Sprachrohre der Partei der Arbeit Sali Berisha als Rechtsextremisten. Als jemanden, der bereit ist, das Land in einen Bürgerkrieg zu stürzen. Auch dies war nur eine Diffamierung. Ich war in manch kritischem Augenblick Zeuge, wie Blutvergießen nur durch sein besonnenes Eingreifen verhindert wurde.

Wie man sieht, spielte Moral bei den Angriffen keine Rolle. Wichtig war nur das Ziel: sich eines Menschen zu entledigen, der mehr Charisma gewonnen hatte, als jene ertragen konnten, die ein Leben lang daran gewöhnt waren, göttergleich auf den Tribünen zu thronen. Jene, von denen Teodor Keko in einem Gedicht sagte, sie wüßten nur, »dem Volk Gnade zu schenken«. Und so wie sie es ein halbes Jahrhundert lang für ihr Recht gehalten hatten, das eigene Volk mit der Gnade der Sklaverei zu beglücken, so stand es ihnen nun auch zu, ihm die Gnade der Freiheit zu gewähren.

Sali Berisha hinderte sie daran, ihre Rolle als Gnadenschenker ewig zu spielen.

Natürlich ist in der albanischen Enzyklopädie auch über ihn bis heute kein Wort zu lesen.

Kujtim Çashku (1950)

Einer der bedeutendsten albanischen Cineasten. Schloß sich bereits am ersten Tag den Studentenprotesten an.

Çashku gründete zusammen mit Neshat Tozaj und mir das Forum für die Verteidigung der Menschenrechte. Die

Gründung dieser Gesellschaft ist eine Geschichte für sich. Am 19. Dezember gegen Mitternacht erschien Çashku tief beunruhigt bei mir zu Hause. Berisha, so teilte er mit, erwarte uns im Hotel »Dajti«. Weil ich kein Telefon besaß, hatte er nur Çashku benachrichtigen können, ohne ihm eine Erklärung für die Dringlichkeit der ganzen Angelegenheit zu geben. Çashkus Unruhe übertrug sich auch auf mich. In dieser Zeit mußte man mit vielem rechnen.

Dr. Berisha erwartete uns in der Hotelhalle.

»Ihr müßt sofort, noch heute nacht, die Gründung der Gesellschaft für die Verteidigung der Menschenrechte bekanntgeben«, sagte er leise, aber nachdrücklich. Man wußte, daß das Hotel, in dem vor allem Ausländer abstiegen, voller Mikrophone war. Dr. Berisha war von Anfang an in unser Vorhaben eingeweiht gewesen.

»Heute nacht ist es unmöglich«, widersprach ich und zeigte auf die Uhr.

»Morgen wird es zu spät sein«, fuhr er im gleichen Ton fort.

In jenen Tagen hielt sich einer der bekanntesten Vertreter der Demokratiebewegung in Kosova, ein Geschichtsprofessor, in Tirana auf. Am Abend, von dem hier die Rede ist, hatte er einige alte Freunde zum Essen eingeladen, fast alles Professoren, außerdem Dr. Berisha und Azem Hajdari von der Demokratischen Partei.

Beim Abendessen hatte Dr. Berisha mitbekommen, wie einer der Chefs der Albanischen Akademie dem Gast aus Kosova berichtete, wie Ramiz Alia ihn zu sich gerufen und von ihm verlangt hatte, unverzüglich eine Gesellschaft für die Verteidigung der Menschenrechte ins Leben zu rufen. Er hatte den Auftrag angenommen und sogleich mit der Arbeit begonnen.

Dr. Berisha hatte uns um Mitternacht aufgeschreckt, weil er zu Recht wollte, daß wir Alias Initiative zuvorkamen, denn sonst hätte der eine so wichtige Organisation auf Dauer unter seiner Kontrolle gehabt. Er hatte gute Gründe, in Aktion zu treten. Damals gab es in Albanien noch zahlreiche politische Gefangene, gar nicht zu reden von vielen zehntausend Internierten. Auf der anderen Seite war dem kommunistischen Polizeiregime, durch den plötzlichen Mut der Menschen irritiert, vollends der Verstand abhanden gekommen, und diese »Vernünftigen«, die »Patrioten«, die »wie Fleisch und Sehnen mit der Partei Verbundenen«, das Polizeiregime eben, vergewaltigten täglich die Menschenrechte. Die Gesellschaft stand also vor großen Aufgaben. Auf gewisse Weise konnte sie Ramiz Alia mehr Schwierigkeiten bereiten als die politischen Parteien, vor allem, weil es die erste Vereinigung dieser Art in Albanien sein würde. All dies hatte Ramiz Alia durchkalkuliert, und er wollte sie auf alle Fälle unter seinem Kommando behalten. Und der Gewohnheit seiner Partei entsprechend wollte er auch dieses Ziel mit den Geheimdienstmethoden des Sigurimi erreichen. Leider gab es in Albanien, auch in der Akademie, Intellektuelle, die derartige Methoden akzeptierten.

Wir gaben so schnell wie möglich Neshat Bescheid, und er kam.

Auf meinen Vorschlag hin beschlossen wir, mindestens vorübergehend Arben Puto an die Spitze des Forums zu stellen, einen bekannten Historiker, Professor an der rechtswissenschaftlichen Fakultät, der sich vor allem mit dem Studium der Geschichte Albaniens in den ersten Jahrzehnten unseres Jahrhunderts befaßt hatte. Er schien mir deshalb nicht allzusehr kompromittiert, was das im Niedergang begriffene System anbelangte.

Der Zufall half uns, ihn schnell zu finden. Puto nahm gleichfalls an dem Abendessen teil, auf dem Berisha war. Wie auch Professor Ylli Popa, der im ganzen Land nicht nur als Kardiologe bekannt war, sondern auch wegen seiner antikonformistischen Ansichten.

Beide gingen sofort auf unseren Vorschlag ein.

An diesem Abend befanden sich zwei mit mir befreundete ausländische Journalisten in Tirana, Nikola Miletic von AFP und ein anderer, der für die kroatische Nachrichtenagentur HINA arbeitete. Es ging schon auf den Morgen zu, dennoch beschloß ich, sie zu wecken. Die Meldung von der Gründung des Forums für die Verteidigung der Menschenrechte mußte so schnell wie möglich verbreitet werden.

Wie mir Professor Puto ein paar Tage später erzählte, hatte Ramiz Alia gleich am nächsten Morgen seinen Missionar zu sich gerufen und ihn voller Ironie gefragt, wieso sein Name nicht auf der Liste der Gründer der Gesellschaft für die Verteidigung der Menschenrechte zu finden war. Auf dieser Liste waren verzeichnet: Professor Arben Puto, Historiker, Professor für internationale Rechtsgeschichte an der Fakultät für Rechtswissenschaften; Professor Ylli Popa, Kardiologe; Kujtim Çashku, Cineast; Neshat Tozaj, Schriftsteller; Besnik Mustafaj, Schriftsteller; Abdi Baleta, Professor an der rechtswissenschaftlichen Fakultät, zu Beginn der achtziger Jahre albanischer UN-Botschafter und als ungeeignet aus dem diplomatischen Dienst entlassen; Elsa Ballauri, Lyrikerin und Journalistin; Manol Konomi, pensionierter Jurist, ehemaliger Justizminister, der 1952 seinen Rücktritt erklärt hatte, weil er nicht bereit war, den Beschluß zu einem Massaker zu unterzeichnen; Rustem Gjata, Jurist, Professor an der rechtswissenschaftlichen Fakultät ... Die Liste, die wir den ausländischen Journalisten überreichten, war nach unten offen. Auf ihr standen die Leute, mit denen Çashku, Neshat und ich bis dahin hatten reden können.

Das Forum für die Verteidigung der Menschenrechte entfaltete eine sehr intensive und konstruktive Tätigkeit, was die Freilassung der politischen Häftlinge und die Reintegrierung der Familien der Internierten in die Gesellschaft anbelangte, ebenso zur Abwehr von Menschenrechtsverletzungen durch die Polizei in dieser Phase. Auch seine Zusammensetzung stieß von Anfang an auf die Zustimmung der Öffentlichkeit. Die einzige nicht so glückliche Entscheidung war jene, die ich zu verantworten hatte: Professor Puto zum Vorsitzenden zu machen. Er hatte wirklich sehr viel weniger Elogen auf das Regime verfaßt als die anderen »Wissenschaftler« seiner Generation und nie einen wichtigen Posten eingenommen, aber ich hatte nicht bedacht gehabt, wie empfindlich die Menschen auf jemand reagierten, der in enger familiärer Beziehung zur Nomenklatura stand, wie dies bei Puto der Fall war. Diejenigen, die gelitten hatten, trugen sich zwar nicht in Revanchegefühlen gegenüber dem familiären Umkreis der Nomenklatura, mochten aber auch nicht akzeptieren, daß jemand daraus an die Spitze der neuen Entwicklungen trat. Und zwar mit Recht. Sooft das Forum träge oder ohne die gebührende Festigkeit auf eine Handlung des Regimes reagierte, hieß es bei den Leuten: Na ja, so ist das nun einmal, wenn man Arben Puto die Sache überläßt!

Der Professor scheute den »Extremismus«, das ist wahr. Wahr ist aber auch, daß nicht alle dieser Fehler auf sein Konto gingen. Er beging andere Fehler, durch die er sich noch mehr ins Gerede brachte und sich eine Menge Antipathie einhandelte. Am schwerwiegendsten war, daß er für das Forum bestimmte Spendengelder ausländischer Individuen oder Stiftungen in die eigene Tasche steckte. Er unternahm häufig Auslandsreisen in alle Teile der Welt, und keiner im Forum oder außerhalb wußte, ob er etwas von diesen Geldern ausgab oder wieviel, weil wir von ihrer Existenz gar nichts wußten. Dabei handelte es sich, wie nach ein paar Monaten herauskam, um keine ganz kleinen Summen.

Neshat Tozaj und ich verließen das Forum.

3.

Partei der Arbeit Albaniens (PAA)

Aus dem *Albanischen Enzyklopädischen Wörterbuch*: *Organisierte Vorhutabteilung der Arbeiterklasse Albaniens, höchste Form ihrer Organisation, einzige führende Kraft des albanischen Volkes im Antifaschistischen Nationalen Befreiungskampf und beim sozialistischen Aufbau des Landes. Die PAA ist ein freiwilliger Kampfbund von Kommunisten mit monolithischer, ideologischer und organisatorischer Einheit, der sich von der marxistisch-leninistischen Wissenschaft leiten läßt. Sie ist Erbin der glänzenden patriotischen und revolutionär-demokratischen Traditionen des albanischen Volkes. Die PAA ist die direkte Nachfolgerin der am 8. November 1941 von Genossen Enver Hoxha gegründeten Albanischen Kommunistischen Partei. Als marxistisch-leninistische Partei der Arbeiterklasse und einzige führende Kraft unserer sozialistischen Gesellschaft hat die PAA einen ruhmvollen revolutionären Weg zurückgelegt. Vom Zentralkomitee mit Genossen Enver Hoxha an der Spitze mit Klugheit und Weitsicht geführt, hat sie ehrenvoll die historischen Aufgaben ihres Programms erfüllt: Sie organisierte und leitete den Antifaschistischen Nationalen Befreiungskampf und die Volksrevolution, befreite das Vaterland vom Okkupanten und errichtete die Volksmacht, baute das vom Krieg zerstörte*

Land wieder auf und sicherte die ununterbrochene Fortentwicklung der Revolution auf dem Wege des Sozialismus. So verwandelte sie unser Land in ein fortgeschrittenes sozialistisches Land mit einer starken Wirtschaft und Verteidigung, einer entwickelten Bildung und Kultur; sie erschuf den neuen sozialistischen Menschen mit marxistisch-leninistischer Weltanschauung und sozialistischem Bewußtsein. Während ihrer ganzen ruhmvollen Geschichte hatte sich die PAA mit brutalen äußeren und inneren Feinden auseinanderzusetzen und trug dabei stets den Sieg davon, weil sie politische Klarheit, ideologische Reife, seltene Kühnheit und Tapferkeit bei der Verteidigung des Marxismus-Leninismus, der lebenswichtigen Interessen des Volkes, der Revolution und des Sozialismus bewies. Wie Fleisch und Sehnen mit dem Volk verbunden, betrachtete die PAA die Einheit von Partei und Volk stets als goldenen Schlüssel zu allen Siegen. Mit ihrem ruhmvollen Kampf für die Verteidigung des Marxismus-Leninismus, der Revolution und des Sozialismus haben die PAA und Genosse Enver Hoxha einen wichtigen Beitrag zur Bereicherung der marxistisch-leninistischen Theorie und der revolutionären Praxis geleistet.

Dieser Dithyrambus der Albanischen Akademie wäre um mindestens einen weiteren Satz zu ergänzen: Dank ihrer monolithischen ideologischen und organisatorischen Einheit, geleitet von der marxistisch-leninistischen Wissenschaft, gelang es dieser Partei ohne jede Schwierigkeit und ohne alle Gewissensbisse, vermittels eines schlichten Erhebens der Hand, sich auf ihrem 10. Parteitag am 10. Juni 1991 in eine sozialistische Partei zu verwandeln.

Demokratische Front Albaniens (DFA)

Aus dem *Albanischen Enzyklopädischen Wörterbuch*:
Die breiteste am System der Diktatur des Proletariats teilnehmende Massenorganisation, stärkste politische Stütze der Partei und der Volksmacht. Vermittels der DFA wird der politische Zusammenschluß des gesamten Volkes um die Partei realisiert. Die PAA war und ist die einzige führende Kraft der DFA und die einzige in ihr vertretene politische Partei. Die DFA wurde am 16. September 1942 gegründet, und zwar auf Initiative und unter Führung der Albanischen Kommunistischen Partei und des Genossen Enver Hoxha persönlich. Vorsitzender der DFA von 1945 bis 1985 war der Genosse Enver Hoxha.

Nach Envers Tod 1985 ging die Leitung der DFA auf Vorschlag von Ramiz Alia, der schon seit Jahren als Vizevorsitzender der Organisation diente, in Nexhmijes starke Hände über. Sie hatte das Amt bis zum 20. Dezember 1990 inne, als sie »ungeachtet des völligen Vertrauens, das die Partei und das Volk weiterhin« in sie hatten, »das Alter sie zwang, sich zurückzuziehen«.

Parteihochschule »W. I. Lenin«

Aus dem *Albanischen Enzyklopädischen Wörterbuch*:
Bildungseinrichtung der PAA für die Bildung der Kommunisten in der marxistisch-leninistischen Ideologie. Gegründet am 8. November 1945. Anläßlich des 85. Geburtstags von W. I. Lenin wurde ihr im Jahr 1955 auf Beschluß des Zentralkomitees der Partei der Name »Parteihochschule W.I. Lenin« verliehen.

Staatssicherheitsdienst (Sigurimi)

Aus dem *Albanischen Enzyklopädischen Wörterbuch*: *Wichtigste Waffe des Staates der Diktatur des Proletariats in der Sozialistischen Volksrepublik Albanien zur Entlarvung und Liquidierung feindlicher Tätigkeit gegenüber der Volksmacht und der sozialistischen Ordnung zu ihrer ständigen Verteidigung und Konsolidierung. Als Richtschnur dient dieser Waffe der Auftrag des Genossen Enver Hoxha, daß sie Auge und Ohr der Partei sein müsse.*

4.

Labëria: Größte ethnographische Zone in Südalbanien. Die wichtigste Stadt ist Vlora am Adriatischen Meer, der zweitgrößte Hafen des Landes, mit etwa 70 000 Einwohnern.

Tirana: Hauptstadt Albaniens. Nicht nur politisch, sondern auch wirtschaftlich und kulturell das wichtigste Zentrum des Landes. Nach der Volkszählung von 1984 hatte Tirana 206 100 Einwohner. Hauptstadt seit 1920.

Shkodra: Eine der ältesten und größten Städte Albaniens. Rund 100 000 Einwohner.

Kosova: Albanisches Gebiet mit einer Fläche von 11 000 km^2. Gehört auf Beschluß der Großmächte auf der Londoner Konferenz von 1913 zur Republik Serbien. In Kosova leben rund zwei Millionen Albaner unter einer in Europa einmaligen politischen und nationalen Repression. Sie genießen keines der grundlegenden internationalen Rechte. Europa als Wächterin der Demokratie nimmt dieses Genozid nicht wahr oder gibt sich doch so, als sei es ihm unbekannt. Nach Feststellungen, die auch von serbischer Seite anerkannt werden, gingen dort zwischen 1981 und 1988 543 373 Personen aller Altersstufen und Geschlechter durch die Hände der politischen Polizei. Viele von ihnen erlitten langjährige Haftstrafen. Seit 1981 hat der serbische Staat mindestens viermal den Ausnahmezustand über Kosova verhängt. Das Symbol des Widerstands der Albaner gegen die serbische Gewalt, der Schriftsteller Adem Demaçi, wurde 1990 nach achtundzwanzigjähriger Haft aus dem Gefängnis entlassen. Im November 1991 verlieh ihm das Europäische Parlament den Sacharow-Preis für Frieden und Demokratie. Seit Juli 1990 befindet sich das rechtmäßig gewählte Parlament von Kosova außer Landes, um nach der mit der Verfassung der jugoslawischen Föderation konformen Ausrufung der Republik Kosova mit dem gleichen Status wie die anderen Republiken Jugoslawiens der Verhaftung zu entgehen. Im Oktober 1991 wurde ein Referendum durchgeführt, wiederum in Übereinstimmung mit der geltenden Verfassung. Mehr als 99,99 Prozent der Bevölkerung erklärten sich für die Lösung, die das Parlament ein Jahr zuvor getroffen hatte: die Republik Kosova.

Parlament und Regierung des Gebiets, in dem die zahlenmäßig drittgrößte Bevölkerungsgruppe der ehemaligen jugoslawischen Föderation lebt, befinden sich weiterhin in der politischen Emigration.

Prishtina: Hauptstadt Kosovas mit 130 000 Einwohnern.

5.

Aus dem *Wörterbuch der Albanischen Gegenwartssprache* (Veröffentlichung der Albanischen Akademie, Tirana 1980):

DEMOKRATIE: *Politisches Regime oder System, in dem die Macht direkt oder vermittels gewählter Organe vom Volk ausgeübt wird und in dem die Staatsbürger gleiche Rechte genießen.*
SOZIALISTISCHE DEMOKRATIE: *Höchster Typ der Demokratie, Form der Diktatur des Proletariats, wo die werktätige Bevölkerung mit der Arbeiterklasse an der Spitze die Macht und die Partei dieser Klasse die Führung innehat.*
BÜRGERLICHE DEMOKRATIE: *Form der Diktatur der Bourgeoisie, wo die erklärten Rechte und Freiheiten formalen Charakter haben und für die breiten Volksmassen nicht garantiert sind und praktiziert werden.*
PLURALISMUS: *Staatliches System eines bürgerlichen oder revisionistischen Landes mit vielen politischen Parteien, Gruppen und gesellschaftlichen Kräften, die unterschiedliche Interessen, Weltanschauungen und Standpunkte vertreten; revisionistische Auffassung, die ein solches politisches und gesellschaftliches System verlangt und ebenso gegen die marxistisch-leninistische Einheit im sozialistischen Staat ist wie gegen eine einheitliche marxistisch-leninistische Ideologie in der internationalen kommunistischen und Arbeiterbewegung.*

Albanien, was es war, was es ist und was es sein wird
(Anstelle eines Abschlußkapitels dieses offenen Buches)

Ende des vergangenen Jahrhunderts schrieb Sami Frashëri, einer der bedeutendsten Vordenker der albanischen Nationalbewegung gegen die seit fünf Jahrhunderten währende osmanische Herrschaft, sein Werk *Albanien, was es war, was es ist und was es sein wird.* Sami Frashëri, diesem in seine Nation und sein Land wahnsinnig verliebten, wundervollen Romantiker, gelang es gleichwohl, ein weitgehend realistisches Bild von Albaniens Vergangenheit zu zeichnen. Als einigermaßen realistisch erweist er sich auch in der Darstellung des zeitgenössischen Albanien. In der Vorausschau auf das künftige Albanien wird er indessen zum Opfer seiner Träume und seiner übermäßig fruchtbaren Phantasie.

Seinen Voraussagen nach würde Albanien im zwanzigsten Jahrhundert seine Blüte erleben. Das so arme und dabei mit märchenhaften Schätzen gesegnete Land würde endlich doch noch zu Prosperität gelangen. Es sollte zur Schweiz des Balkan werden, so wie es sich die Albaner wünschten und es viele kluge Männer vorhergesagt hatten, Albaner wie Ausländer. Dieses von den gewalttätigsten Imperien – zuerst dem römischen, dann dem byzantinischen und schließlich dem osmanischen – versklavte Volk sollte endlich wahre Freiheit genießen und, den heiligen Grundsätzen der Französischen Revolution von 1789 getreu, eine freie und demokratische Gesellschaft aufbauen.

Sami Frashëri starb 1904. Glücklich schritt er hinüber in

die andere Welt, nachdem er bis zuletzt mit seinem Traum von der Zukunft Albaniens gelebt hatte. Hätte er erleben und sehen müssen, welch böse Wege sein Albanien auch in diesem Jahrhundert gehen würde, wer weiß, ob er den Schmerz hätte ertragen können.

Albanien erklärte sich am 28. November 1912 von der osmanischen Herrschaft unabhängig. Nach fünf Jahrhunderten entstand der erste albanische Staat. Ein Staatenembryo, das es nicht schaffte, sich eine Struktur zu geben. Nach noch nicht einmal sechs Monaten kam bereits wieder das Ende. Der Balkan-Krieg begann. Albanien blieb herrenlos. Am 29. Juli 1913 versammelten sich in London die Botschafter der sechs Großmächte dieser Zeit: England, Österreich-Ungarn, Deutschland, Italien, Frankreich und Rußland. Sie legten widerrechtlich Albaniens Grenzen fest, wobei die Hälfte außerhalb verblieb. Der größte Teil dieser Hälfte wurde Serbien zugeschlagen: Kosova. Der restliche Teil fiel an Montenegro, das heutige Makedonien und Griechenland. Dem albanischen Volk wurde das Recht abgesprochen, wie die anderen Völker unseres Kontinents über sein eigenes Schicksal zu entscheiden. Zur Aufsicht über Albanien wurde eine Internationale Kontrollkommission eingerichtet, an die Spitze des albanischen Staates ein deutscher Prinz gestellt.

Der Erste Weltkrieg bewirkte, daß die internationale Kommission und der deutsche Prinz ihre Funktionen nicht länger als sechs Monate ausüben konnten. Wieder blieb Albanien herrenlos. Und verwandelte sich in ein Schlachtfeld für die Armeen der kriegführenden Staaten.

1919 und 1920 nahmen die Männer des Landes ihre Anstrengungen zur Schaffung eines albanischen Staates wieder auf, und nach und nach schienen sie auch mit Erfolg gekrönt zu sein. Doch Ende 1923/Anfang 1924 wurde deutlich, daß der Innenminister Ahmet Zogu alle Fäden der Macht in seiner Hand konzentriert hatte. Er rückte auf den Posten des Premierministers und begann mit der Ausschaltung seiner Gegner. Im Juni 1924 fand in Albanien als erstem Balkanland eine demokratische Revolution statt. Ahmet Zogu flüchtete nach Jugoslawien, um nach sechs Monaten mit serbisch-montenegrinischer Unterstützung zurückzukehren. Die Revolution wurde in Blut erstickt. Zogu wurde nicht nur wieder, wie früher, Premierminister, sondern auch Präsident der Republik. Doch diese Macht schien ihm noch nicht zu genügen, denn 1928 erklärte er Albanien zur Monarchie und sich selber zum König. Zogu der Erste regierte bis zum 7. April 1939, als Albanien zu einem der ersten Opfer einer faschistischen Invasion wurde: Mussolinis Italien marschierte ein. In den elf Jahren der Monarchie war Demokratie etwas von dem, was die Albaner am wenigsten genossen.

Vollständig abhanden kam die Demokratie während der zunächst italienischen, dann deutschen Besetzung, die bis zum 28. November 1944 dauerte. Am 8. November 1941 wurde in Tirana illegal die Albanische Kommunistische Partei gegründet, die sich mit Unterstützung der Kommunistischen Partei Jugoslawiens bald an die Spitze des Widerstands des albanischen Volkes gegen den Faschismus setzte, wobei alle anderen politischen Kräfte im Hinblick auf die künftige Staatsmacht gewaltsam ausgeschaltet wurden. Die Diktatur des Proletariats, die in Albanien verankert wurde, erzeugte in Albanien ein noch antidemokratischeres Klima als in der Zeit des Faschismus. Dem furchtbaren stalinistischen Regime wurden ab 1960 auch noch die zerstörerischen Modelle der chinesischen Kulturrevolution aufgepropft.

Diese Diktatur währte bis zum 11. Dezember 1990. Ich habe in diesem Buch nicht zufällig grundlegende Werke der albanischen Kultur zitiert, die in dieser fast ein halbes Jahrhundert währenden Periode entstand, so die Enzyklopädie oder das Wörterbuch der Albanischen Gegenwartssprache. Die Diktatur hatte in all diesen Jahren in Albanien festen Bestand, weil sie es schaffte, nicht nur Armee und Sigurimi, das Wirtschaftsministerium und die Polizei zu ihren blinden Werkzeugen zu machen, sondern auch die Albanische Akademie, den Schriftstellerverband ... Anders als in den anderen Ländern des Ostens bildete sich hier nie eine echte Dissidentenbewegung heraus. Nicht, daß das albanische Volk die Diktatur geliebt hätte. Auch verwandelten sich nicht alle Intellektuellen in eifrige Schüler Enver Hoxhas. Aber hier wurde brutalere Gewalt ausgeübt als überall sonst.

Die Wirtschaft des Landes wurde auf katastrophale Weise zugrunde gerichtet. Ebenso wurde die Moral der Bevölkerung auf tragische Weise zerstört. Deshalb, so scheint mir, sollte man für die schreckliche, komplexe Traumatisierung der Bevölkerung während des Übergangs von der Diktatur zur demokratischen Gesellschaft Verständnis haben. Einem Volk, das tagtäglich unter dem Alptraum des Hungers leidet, das täglich betet, ja nicht krank zu werden, weil in den Krankenhäusern sogar Alkohol fehlt, das Hemmungen hat, im Winter seine Kinder zur Schule zu schicken, weil es in den Schulen nicht nur keine Heizung, sondern auch keine Fensterscheiben gibt, die Wind und Wetter abhalten könnten, fällt es schwer, eine neue Mentalität zu entwickeln, die Mentalität eines Lebens in der Demokratie.

Und dennoch, es liebt die Demokratie mehr als alles andere. Und in seinem erschöpften Gehirn schläft auch jetzt, nach einem Jahrhundert, noch Sami Frashëris Traum, daß das Land Albanien werde wie das übrige Europa. Wie die Schweiz, warum auch nicht?

Tirana, Dezember 1991

Der Schwindel
(1997)

Nun verfolge ich meinen Weg weiter, und mit der Müdigkeit beginnt sich etwas in mir zu verändern. Wenn gerade keine Luftspiegelungen zu sehen sind, schaffe ich mir die Trugbilder selbst.
Mein Schwindel stammt zweifellos vom Durst. Oder der Sonne, die auf diese Säulen scheint, die aussehen wie gefrorenes Öl, auf dieses Gerippe der Welt. Es gibt hier keinen Sand und keine Füchse mehr, nur noch einen riesigen Amboß, auf dem ich gehe. Und ich spüre in meinem Kopf das Dröhnen der Sonne.
Ah! Da hinten ...
– He! ... He!
– Reg dich nicht auf, dort ist nichts, es ist das Delirium.
So rede ich mit mir selbst, denn es ist Zeit, an meinen Verstand zu appellieren. Es fällt mir schwer, nicht zu glauben, was ich sehe, der Karawane, die dort vorbeizieht, nicht entgegenzurennen ... Da! ... Siehst du sie nicht?
– Dummkopf! Du weißt doch genau, daß sie deine eigene Erfindung ist ...
– So ist wohl nichts auf der Welt wirklich ...
(Antoine de Saint-Exupery: Terres des Hommes)

Im Dezember 1991 kam ich nach Paris, um die fertige Übersetzung dieses Buch durchzuschauen und einen Titel zu finden. Beim Schreiben hatte ich an VERWAISTE PIEDESTALE gedacht, doch das kam auf Französisch nicht gut heraus und traf, wie der Verleger meinte, auch nicht genau den Punkt. Damals gab es in Albanien tatsächlich keine Statuen der Männer mehr, die seinen Staat bestimmt hatten. Enver Hoxha hatte 1945 Dynamit an seinen Vorgänger, den König, gelegt und selbst das Grab seiner Mutter nicht verschont. Wir hatten mittlerweile die Denkmäler Enver Hoxhas und seiner Genossen zum Einschmelzen geschickt. Die leeren Piedestale waren für mich eine Metapher für eine Geschichte, die auf beispiellosen Regeln gründete: Jede neue Zeit begann mit der Verwüstung des Vergangenen, als könne die frische Saat nur in der Asche keimen. Die Frage, an die ich mit dem Titel rühren wollte, war die: Würde Albanien endlich in eine Epoche eintreten, in der Politiker der Versöhnung und nicht des Hasses die Piedestale erklimmen? Ich war mir schmerzlich darüber klar, wieviel Groll sich in diesem Volk angesammelt hatte, tröstete mich aber mit der kindlichen Hoffnung auf die Kraft des Vergessens.

Mein Freund José Alain Fralon, Journalist bei »Le Monde«, hatte das Buch nicht gelesen, beteiligte sich aber trotzdem an der Suche nach einem Titel. Er fragte mich einfach nach dem Inhalt. Ich war einige Zeit damit beschäftigt, ihm kurze Abrisse der einzelnen Kapitel zu geben. Kurz, faßte ich schließlich zusammen, das Heute befindet sich in der Schwebe zwischen den Verbrechen der gestrigen Diktatur und den Trugbildern, dem Schein einer künftigen Freiheit. Es war bereits spät, und er war schon recht müde. Doch nun wurde er plötzlich wieder munter. Das ist es, sagte er. Albanien zwischen Verbrechen und Schein.

Auf dem rückseitigen Umschlag schrieb der Verlag unter anderem, das Buch sei »ein Versuch, die Aufmerksamkeit auf ein Regime zu lenken, das womöglich noch schlimmer ist als die Diktatur, nämlich die gescheiterte Demokratie«. Damals war ich der Meinung, die Aussicht auf ein mögliches Scheitern der Demokratie sei übertrieben. Ich hatte zwar festzustellen begonnen, daß ein Trugbild von Freiheit den Blick der Menschen trübte, hoffte jedoch, seine Täuschungskraft werde nicht stark genug sein, den teuersten Traum eines ganzen Volkes zu zerstören. So, wie ich Albanien kannte, war durch den Sturz der Diktatur eine Handvoll Leute aus dem Tritt geraten. Ich hoffte also, durch die gemeinsamen Anstrengungen der Albaner, das Trugbild zu zerstreuen, werde die inzwischen errungene äußere, öffentliche Freiheit sich auch in eine innere Freiheit des Individuums verwandeln. Diese Zuversicht entsprang meiner mangelnden Erfahrung mit der Gier nach Macht. Dies ist ein Kampf, den vor allem jene mit einer oft geradezu kriminellen Entschlossenheit führen, die sich an den Machtbesitz gewöhnt haben. In ihren Köpfen steckt ganz fest die Meinung, daß ihnen etwas geraubt worden ist, das alleine ihnen zugestanden hat.

Fünf Jahre danach gibt es an der Berechtigung der Frage, ob die albanische Demokratie im Scheitern begriffen ist, keinen Zweifel mehr.

Ich zögere keinen Augenblick, zu behaupten, daß nicht die Demokratie selbst, so wie sie aus dem Nichts heraus aufgebaut werden mußte, sich dem Scheitern zubewegt, daß aber etwas Wichtiges an diesem Versuch fehlgeschlagen ist. Mitislav Rostropowitsch hat im März dieses Jahres über seine Landsleute gesagt: »Der Kommunismus hat den Charakter der Russen verändert. Sie sind heute nicht mehr bereit, die Freiheit anzunehmen. Sie sind entwöhnt.« Nach einer

Freiheit zu streben, die man nicht kennt, ist eine Sache. Bereit zu sein, sie anzunehmen, wenn man sie gewinnt, ist etwas anderes. Zur Frage, was bei unserer Demokratie mißlang, kommt eine weitere: Ob die Albaner die Bereitschaft bewiesen haben, diese Freiheit auch anzunehmen?

Im letzten Winter und Frühjahr ging eine Welle beispielloser Verheerung über Albanien hinweg. Ein Alptraum, der sich nur schwer in eine Chronologie bringen läßt. Die erste Finanzpyramide, es war zugleich diejenige, die schon am längsten bestand, brach kurz vor dem Jahreswechsel zusammen und begrub, wie zu erfahren war, die mühsam angesammelten Ersparnisse von vielen tausend Menschen im Wert von Millionen Dollar unter sich. Die Unglücklichen gingen auf die Straße, taub für jeden Versuch einer Erklärung oder des Trostes. Das einzige, was sie hätte beruhigen können, war die Rückgabe des Geldes durch die Regierung. Bis Anfang Februar waren noch drei andere solche Konstruktionen zusammengebrochen, so daß nach allem, was man hört, die Zahl der Geschädigten inzwischen in die Hunderttausende geht. Eine wirkliche nationale Tragödie.

Ihr erster Akt begann jedoch nicht erst, wie angesprochen, Ende Dezember, sondern bereits Monate zuvor. Anfang Herbst äußerten sich Experten des Internationalen Währungsfonds (IWF) staunend über die Lebensdauer dieser Finanzpyramiden. Man hätte dieses Staunen fast neidisch nennen können. In anderen Ländern haben sie sich nur einige Monate lang gehalten, sagten sie. Vorsicht! Der Zusammenbruch wird sich mit gewaltigem Getöse vollziehen. Doch in ihre Warnungen mischten sich andere Stimmen, die genau das Gegenteil sagten. Eine davon gehörte einem Bankier, der zu ebendieser Zeit in »Le Monde« schrieb: »Wenn die albanische Martingale auch gewisse Irregularitäten verschleiert, ohne die ein wirtschaftlicher Anfang nicht möglich erscheint, so belegt sie doch auf beredte Weise die Kraft des wirtschaftlichen Wachstums in einem neuen Land.«

Vielleicht wäre es, was den Ausgangspunkt des Dramas angeht, sogar exakter, ihn bereits vier Jahre früher zu suchen, beim Wahlsieg der Demokratischen Partei. Sie kam an die Macht als die Verkörperung des Traums der Wähler, ihr Albanien wie Europa zu machen. Wenige Monate der Freiheit hatten dafür ausgereicht, daß sie im Westen nicht mehr nur den Hort der Menschenrechte sahen. Inzwischen wurden in der Nähe von Tirana die Fundamente eines der ersten ausländischen Unternehmen hochgezogen, und dies war nicht zufällig eine Coca-Cola-Fabrik. Die Albaner, die in einer Zeit des Bruchs sämtlicher Tabus zu leben meinten, errichteten rasch neue. Ihr Bild vom entwickelten Europa stammte aus dem Werbefernsehen, und gierig stürzten sie darauf los, ohne es für nötig zu halten, irgend etwas zu hinterfragen. Ihre Vorstellungskraft war angekränkelt, ohne daß man ihnen dafür die Schuld geben konnte, und ihre Urteilsfähigkeit immer noch ein Leichnam, abgetötet bereits vor langer Zeit durch den kriminellen Propagandaapparat des Stalinismus. Wenn meine Träume vergehen, beginnt der Schmerz, sagt ein altes albanisches Lied. Der erste, der kommunistische Traum war den Albanern im März 1992 vergangen, und Anfang 1997 war der zweite, der kapitalistische Traum an der Reihe, der mit seiner Sucht, über die eigenen Verhältnisse zu leben, im Kern nicht weniger tödlich war. Wir haben diesen Traum nicht erfunden, sondern uns ihm nur ausgeliefert. Wir waren zu erschöpft, um etwas so Großes sofort zu erschaffen. Wir waren verzaubert wie die griechischen Seeleute vor Circes Insel. Nur hatten wir keinen Odysseus. Das begriffen wir allmählich, als uns die Träume verließen. Und die

Schmerzen begannen. Inzwischen waren fünf Jahre vergangen, während derer sich unsere alten Wunden schlimm entzündet hatten.

Das Drama hat also einen Anfang und ein Ende, und nachdem es sich zugetragen hat, ist nichts mehr so, wie es 1992 war.

Die Landschaft hat sich verändert.

Sie ist nicht mehr dieselbe, die Gianni Amelio in »Lamerica« auf die Leinwand gebracht hat. Es wurde überall wild drauflosgebaut. Die Straßen quellen über von Autos aller Marken, die meisten zwar ziemlich alt, aber sie laufen noch. Kein Balkon ohne Satellitenantenne. Kinos wurden zu Cafés und Spielhallen. Ein Dichter, der die achtziger Jahre in politischer Haft verbrachte, schrieb in vermeintlich naiver Freude ein Gedicht über den städtischen Müll. Die Abfälle seien jetzt farbiger und schöner, meinte er, denn die Leute hätten etwas wegzuwerfen.

Die Albaner haben sich verändert.

Sogar sehr verändert. Zum Guten und zum Schlechten. Oft wird gesagt, sie seien Materialisten geworden, Geld habe für sie eine übertriebene Bedeutung. Das ist erst ein Teil der Wahrheit. Diese Regung war bereits vorher vorhanden, doch der Kommunismus mit seiner demagogischen Idealisierung der Gleichheit hatte sie eingeschläfert. Der Ultraliberalismus der vergangenen vier Jahre hat sie nicht nur wieder aus den finstersten Winkeln des Bewußtseins hervorgelockt, in die dauernde Angst und Armut sie abgedrängt hatten, sondern auch geschürt und unbeherrschbar gemacht. Dieser fiebrige, zwanghafte Traum vom Reichtum ist eine wichtige Veränderung. Andere meinen, die Freiheit habe in Albanien nur den ersten Sieg errungen, nämlich die Fesseln der Diktatur zu sprengen. Genauer ausgedrückt: In seiner ganzen Unmenschlichkeit hat das Gestern doch seine moralischen, kulturellen, politischen und ideologischen Referenzen hinterlassen. Die so herbeigesehnte neue Zeit hat es nicht vermocht, sich den Albanern mit einem der Freiheit gemäßen Referenzsystem einzuprägen. Die Stagnation begann in jedem einzelnen Kopf und wurde zum gemeinsamen, zum kollektiven Verhalten, viel zu oft und gleich im Café wie bei einer Kundgebung, im Handel wie bei der Rollenverteilung für ein Schauspiel auf dem Nationaltheater. Auch diese Veränderung ist zu konstatieren. Kurz: das, was als Erlernen der Freiheit zu bezeichnen wäre und auf jeden Fall hätte begleitet sein müssen von Fortschritten in der Mentalität, also der Besänftigung der Gemüter, ist nicht gut gelungen.

Das Scheitern der Verfassung

Am 6. November 1994 fand in Albanien auf Initiative des Präsidenten Berisha erstmals ein Referendum statt, um dem Land die Verfassung zu geben, die ihm fehlte und bis heute fehlt. Alle politischen Kräfte, alle Albaner waren einer Meinung, was die Notwendigkeit eines Grundgesetzes betraf. Aber die Verfassung wurde nicht angenommen. Ich habe unter denen, die, pro oder contra, flammende Artikel geschrieben und Reden gehalten haben, noch keinen gefunden, der den Text gelesen hätte, außer Berisha selbst.

Die politischen Kräfte haben sich verändert.

Bei den zweiten Wahlen im März 1992 trat die Partei der Arbeit ohne Enver-Hoxha-Bilder und unter der Bezeichnung

»sozialistisch« an, hielt aber in ihrem Programm bis zum Sommer 1996 an dem Gelübde gegenüber Marx fest. Vier Jahre lang schwenkte sie auf der Grundlage dieses Programms den Knüppel der Opposition. Leicht zu ermessen, wie verärgert sie auf jede Liberalisierungsmaßnahme der Regierung reagierte, sei es bei Privatisierungen, in der Preispolitik oder bei den Steuern. Die sozialistischen Abgeordneten stimmten noch nicht einmal für das Paket zur konstitutionellen Verankerung der Menschenrechte. Mit ihrem Machtantritt veränderte sich fraglos auch die Demokratische Partei. Einige ihrer Häupter verabschiedeten sich unter Getöse und gründeten die Demokratische Allianz. Ob Zufall oder nicht, dies geschah auf jeden Fall unmittelbar nach der Verteilung der Posten. Um der Wahrheit die Ehre zu geben: Keiner dieser neuen Dissidenten hatte ein befriedigendes Amt erhalten. Allerdings gaben sie an, sie seien mit dem heftigen Rechtsrutsch in ihrer ehemaligen Partei ebensowenig einverstanden wie mit dem autoritären Stil des neugewählten Präsidenten Sali Berisha. Hätte der Grund ihrer Rebellion darin gelegen, wären sie fünf Jahre später vielleicht zu einer Einflußnahme fähig gewesen, die zur Vermeidung der Katastrophe beigetragen hätte. Dann löste sich auch noch ein anderer Flügel von der Demokratischen Partei, was vermerkt werden will, auch wenn es sich nur um zwei Abgeordnete handelte. Sie gründeten die Demokratische Rechtspartei. Wieder erfolgte dieses Ereignis, Zufall oder nicht, nach einer Regierungsumbildung. An die Spitze dieser Gruppierung trat der ehemalige Landwirtschaftsminister, der dem neuen Kabinett nicht mehr angehörte. In ihren Anfängen war die Demokratische Partei eher eine von der trunkenen Begeisterung über den Sturz des Kommunismus mitgerissene Volksbewegung. Solche Abspaltungen waren also zu erwarten gewesen. Sie hätten ein Ausdruck der gewachsenen Reife im neuen politischen Leben Albaniens sein, die Gewässer der Demokratischen Partei klären, zu ihrer genaueren politischen Positionsbestimmung beitragen und so auch ihrem Regierungsprogramm Seriosität verleihen können. Jede der Tochterparteien hätte wiederum eine Lücke in der albanischen politischen Szene schließen und diese damit abrunden können, was einen wertvollen Dienst an der ganzen Gesellschaft bedeutet hätte, die erst noch im Entstehen begriffen war.

Doch dazu kam es nicht. Die politische Klasse eines Landes vermag bestimmte Grenzen nicht zu überschreiten, die ihr vom Niveau der politischen Kultur der Massen gesetzt sind, aus der sie hervorgegangen ist. Die Gründer sowohl der Demokratischen Allianz als auch der Demokratischen Rechtspartei waren so verbittert, daß sie, oft ohne Rücksicht auf Spielregeln, einen heftigen Krieg gegen die Mutterpartei und Berisha vom Zaun brachen. Sie gingen so weit, sich vor den Ex-Kommunisten zu bücken, die immerhin eine wohlstrukturierte Partei besaßen. Es schien, als sei ihr einziges Ziel die Vernichtung der Demokratischen Partei und von Berisha selbst. Doch was sollte danach kommen? Diese Form von Opposition, in der sich die Extreme im einzigen Ziel vereinigen, die gerade Siegreichen zu Fall zu bringen, läßt sich aus dem mehr als labilen Gleichgewicht einer wirtschaftlich und psychologisch erschöpften Gesellschaft erklären, wie sie in Albanien bestand.

Die Demokratische Partei zog im März 1992 mit einer absoluten Mehrheit ins Parlament ein. Selbst eine vereinigte Opposition hätte sie also nicht am Regieren hindern können. Die Mehrheit hatte nie Konsense nötig, um ein Gesetz verabschieden zu können. Das ist wahrscheinlich eine der

Hauptursachen des Übels, unter dem alle zu leiden hatten. Die Opposition focht mit einer aggressiven Verzweiflung, die nur ihre Energien verschliß und ihr so sinnlose Verletzungen einbrachte, wie Don Quixote sein Kampf gegen die Windmühlen. Die Sprache, derer sie sich gewöhnlich bediente, war nicht gerade geeignet, Autorität zu schaffen, und allzuoft verlief sie sich auf krummen Wegen, auf denen sie sich nicht das Vertrauen des Wahlvolks erwerben konnte. Schlimm genug! Aber auch die Demokratische Partei tappte in die Falle. Sie machte sich mit dem gleichen, wenn nicht mit noch mehr Eifer an die Zerstörung der Opposition, wie an die Durchführung des großen Programms der Schaffung einer freien Wirtschaft und eines Rechtsstaates, in dem Albaniens Weg zur Normalität lag. In diesem Duell trug die Demokratische Partei eine unangenehme Arroganz zur Schau, die bei einem Teil der Bevölkerung, vor allem den Gebildetsten, denen der Kompromiß in vergangenen Zeiten zur Lebensart geworden war, alte Ängste neu belebte. Eine Menge Nerven und Zeit wurde auf etwas verwendet, das auf lange Sicht die grundlegenden Intentionen der Demokratischen Partei selbst beschädigte. Trotz aller Lippenbekenntnisse habe ich meine Zweifel, ob unter meinen Freunden von der Parlamentsmehrheit wirklich die klare Überzeugung herrschte, daß ein Rechtsstaat ohne eine ernsthafte Opposition nicht gedeihen kann. Kurz, selbst wenn man die Schuld nicht gleichmäßig verteilt, so muß doch wahrscheinlich festgestellt werden, daß die albanische politische Klasse dieser Periode insgesamt gescheitert ist. Das ist das von mir erwähnte wichtige Etwas, das mißlungen ist, ohne daß man deshalb von einem Mißlingen der Demokratie überhaupt reden dürfte. Es bedeutet ja nicht das Scheitern der Programme, an denen gearbeitet wurde. Es bedeutet nur das Scheitern derer, die die Politik machten. Man weiß, daß die Geschichte, die gerade geschrieben wird, selbst die Menschen austauscht. Es geht nicht um das Scheitern des Ideals von Freiheit und Demokratie, sondern einiger Praktiken, und Praktiken sind immer dann korrigierbar, wenn ein Wille da ist, aus Fehlern zu lernen.

Es bleibt ein Hauptdarsteller, der wirklich Beachtung verdient, Berisha, der Doktor, wie ihn seine Mitarbeiter noch immer nennen. Er hat in dieser Zeit so viel geredet, daß er mit seiner Präsenz im Fernsehen sogar jene verärgert hat, die ihn mögen. Den größten Schaden hat er aber sich selbst und der Demokratie zugefügt. Er hat seinen Gegnern die Möglichkeit gegeben, ihn als Usurpator der politischen Medien zu attackieren. Selbst hat er viel gesagt, mehr noch aber haben ihn jene, die ihn nicht mögen, böse geredet, so daß ich sagen würde, daß er im Frühjahr 1997 in geringerem und schlechterem Ansehen steht als im Dezember 1990, als er den weißen Mantel des Kardiologen ablegte, um an die Spitze der Menge zu treten. In diesem Paradox verschlingen sich vielleicht deutlicher als anderswo all die widersprüchlichen Strömungen, die Albaniens strudelnde Geschichte der letzten fünf Jahre ausmachten.

MARK ALMOND, PROFESSOR FÜR DIE GESCHICHTE DES BALKAN IN OXFORD:

Im Widerspruch zu dem, was die Medien sagen ... sind die, die auf Albaniens Straßen Gewaltakte begehen, nicht das Volk ... Das ist eine Masse, die manipuliert wird von einer unglaublichen Koalition aus unverbesserlichen Kommunisten und der albanischen Mafia, die in einem

Abhängigkeitsverhältnis zum organisierten Verbrechen in Italien steht. Bestärkt durch den Wahlsieg seiner Demokratischen Partei, ergriff Präsident Berisha im vergangenen Herbst überraschend energischere Maßnahmen gegen die Mafia von Vlora … Der Mafia hat das nicht gefallen, und der Zusammenbruch der betrügerischen Finanzgesellschaften war wahrscheinlich nur der Funke, den sie brauchte, um ihrer Opposition gegen eine ihr mittlerweile unliebsam gewordene Regierung den Anschein von Volkslegitimität zu geben.
(»Le Monde« vom 31. März 1997)

Als Freund Berishas seit zwei Jahrzehnten ist es mir in der Zeit, die ich mit ihm zusammenarbeite, leichter gefallen, ihm zu vertrauen. Das hat mich nicht daran gehindert, mir immer wieder die Frage zu stellen, was an ihm anders geworden ist. Für einen Schriftsteller ist es interessant, die Persönlichkeit eines Staatspräsidenten in ihrer Evolution zu beobachten. Inzwischen war ich in Paris, und wir trafen uns vielleicht noch drei- oder viermal im Jahr. Allerdings telefonierten wir häufig. Die geographische Distanz war für mich ein Filter, das mich vor übereilten Reaktionen bewahrte, die oft so schädlich für das eigene politische Urteil wie für Freundschaften sind. Ich spreche von den eigentümlichen Einflüssen, denen eine solche Freundschaft ausgesetzt ist, wenn einer der beiden Freunde der Präsident der Republik ist.

Sali Berisha war kein Lech Walesa mit der Erfahrung einer Solidarnoćś im Rücken, das heißt der Erfahrung einer breiten politischen Widerstandsbewegung, der Erfahrung der Konfrontation mit Polizei und Armee, der Erfahrung des Feilschens mit dem diktatorischen Staat. Diese Vergangenheit unter dem Kommunismus sicherte dem mutigen Polen das Vertrauen seiner Landsleute und schuf ihm so mächtige Verbündete wie die katholische Kirche. Außerdem war er bereits Träger der Friedensnobelpreises. Seine guten Verbindungen zu Westeuropa und Amerika gar nicht zu erwähnen. So hatte Walesa schon mehr als die Hälfte dessen griffbereit, was ein neuer Präsident braucht, wenn er seine Aufgabe in Angriff nimmt. Sali Berisha war auch kein Václav Havel, der im Verlauf von mehr als zwanzig Jahren innerhalb und außerhalb der Tschechoslowakei Profil als politischer Intellektueller gewonnen und seinen Charakter genug gefestigt hatte, um den triumphalen Einzug in die Prager Burg ohne größere Erschütterungen überstehen zu können. Berisha war schließlich auch kein Jelzin, der als ehemaliger Sekretär des Zentralkomitees der bolschewistischen Partei der Sowjetunion in politischen Intrigen erfahren war und überdies auch noch die ererbten organisatorischen, assoziativen, polizeilichen und militärischen Strukturen, die ihn selbst ganz nach oben gebracht hatten, fertig übernehmen konnte. Es gibt kein einziges Oberhaupt eines ehemals kommunistischen Staates, dessen Situation sich mit der Berishas vergleichen ließe, so wie Albanien eine grundlegend andere jüngere Vergangenheit hat als die früheren Volksdemokratien. In diesem Sinne verkörperte Berisha die albanische Form des Widerstands gegen die Diktatur: mehr moralisch und schweigend, vielleicht einmal ein Stammeln, und hauptsächlich einsam. Das Ergebnis einer solchen Fermentierung mußte zwangsläufig explosiver sein als beispielsweise in Prag, wo Havel noch aus dem Gefängnis heraus die Möglichkeit hatte, Beckett zu schreiben oder der ausländischen Presse Interviews zu geben. Von Anfang an rückte Berisha nicht unbedingt als Symbol früheren Widerstands in den Vordergrund des Geschehens. Er war weder ein Opfer noch ein Held jener Zeit, von der sich Albanien ein für allemal zu lösen hatte.

In seiner ersten Ansprache als Präsident, noch am Wahltag, äußerte Berisha, daß wir, was unser Leiden anging, gleichermaßen Opfer wie Verantwortliche seien. Offenbar hatte er den Kern des Problems verstanden: Den Albanern stand eine psychologisch und moralisch äußerst heikle Periode bevor, was die Überwindung der aus der Vergangenheit ererbten schrecklichen wirtschaftlichen Rückständigkeit komplizieren würde. Ich glaube nicht, daß er alle seine Landsleute vor der Schuld gleich machen wollte. Beim Deutschen Karl May steht irgendwo, der Mensch sei kein Individuum, sondern ein Drama. Berisha wollte deutlich machen, daß jeder aus der Zeit, von der man so schnell wie möglich Abstand gewinnen mußte, sein Drama mit sich herumschleppte. Die einzelnen Dramen unterschieden sich, doch das Resultat, die seelische Zerrüttung, war für alle gleich. Er war die geeignetste Persönlichkeit, in die Mitte zu treten, um einen gewissen nationalen Konsens zu gewährleisten, ohne den der verkrümmte Willen nicht wachgerufen werden konnte. Er war in der Partei der Arbeit gewesen, hatte also nicht das moralische Recht, auf eine große Masse Menschen einzuprügeln, die nicht aus ideologischer Überzeugung oder Diensteifer gegenüber der Staatsmacht das entsprechende Parteibuch angenommen hatten, sondern weil es nötig war, wenn man beruflich ein wenig Karriere machen wollte. Berisha hatte im Partei- und Staatsapparat nie verantwortliche Positionen bekleidet und keinerlei familiäre Bindungen an die Nomenklatura oder den Apparat des Sigurimi. Demnach hatte er keinen Grund, vor den ehemaligen politisch Verfolgten mehr zu erröten als jeder andere Bürger, der nicht im Gefängnis gewesen war. Seine Vergangenheit lastete auf keinem der beiden Lager, in die der Klassenkampf das albanische Volk so schmerzlich gespalten hatte.

Hat man seine Botschaft verstanden?

Um der Wahrheit die Ehre zu geben: nein! Und so paradox das klingen mag, noch auf das meiste Verständnis stieß er bei den ehemaligen politischen Häftlingen, jenen, deren Fleisch mit dem glühenden Foltereisen der kommunistischen Diktatur gebrandmarkt worden war. Die Hauptschuld daran trifft meiner Meinung nach die ehemalige Partei der Arbeit. Sie begriff den Verlust ihrer Macht als große Ungerechtigkeit. Schon nach ein paar Monaten fingen die Sozialisten an, vorgezogene Neuwahlen zu verlangen, und im Sommer 1993 erklärte K.I., ehemals Bildungsminister und danach Präsident von Ramiz Alias letztem Parlament, in der Zeitung seiner Partei, der Tag sei nicht mehr fern, an dem die Schädel der Demokraten auf den Gehsteigen zerschmettert werden würden. Aus dem Mund eines Menschen, der seine Jugend in Paris verbracht, an der einzigen albanischen Universität gelehrt, das einzige zum Buch in Beziehung stehende Ministerium geleitet und dem ersten pluralistischen Parlament vorgestanden hatte, war dies eine ungeheuerliche Äußerung. Was sollte man dann erst von seinen Genossen erwarten, denen nicht wie ihm das Glück zuteil geworden war, ihren Verstand ein wenig erleuchten zu dürfen? Das Interview rief natürlich schauerliche Erinnerungen an eine Vergangenheit wach, die offensichtlich noch nicht vorbei war. Die ganzen Umstände machten es ihr möglich, ihre Metastasen weiter aus der Gegenwart zu nähren. Ein Jahr nach ihrem Sieg galt die Hauptsorge der demokratischen Regierung immer noch der Versorgung der Bevölkerung. In den Beziehungen zu den demokratischen Ländern Europas und den USA drehte sich fast alles um Mehl, Zucker und Antibiotika, die wir von dort als humanitäre Hilfe erhielten. Was für konstitutionelle und legislative, institutionelle und wirtschaftliche Reformen konnten diese Regierung, dieses Parlament und dieser Präsident unter den Bedingungen solchen Notstands schon vornehmen, wo alles auf die Befriedigung der elementarsten Lebensbedürfnisse gerichtet war? Diese Schwierigkeiten, wie sie in Prag, Budapest und Warschau unvorstellbar gewesen wären, wurden durch die hemmungslose Aggressivität der ehemals kommunistischen Opposition und die nicht immer wohlmeinenden Einmischungen von Nachbarn noch verstärkt.

Aus der parlamentarischen Interpellation des Chefs der albanischen Geheimdienste, Bashkim Gazidede

Am 26. März bezichtigte der Chef der albanischen Geheimdienste ausländische Dienste, im Zusammenwirken mit antialbanischen Strömungen und Überresten des kommunistischen Regimes die verfassungsmäßige Ordnung verletzt und die Gefahr einer Teilung Albaniens heraufbeschworen zu haben. Er erwähnte einen in Griechenland ausgearbeiteten LOTOS-PLAN »zur Befreiung von Vorioepirus von der albanischen Herrschaft durch einen bewaffneten Aufstand«. Er benannte auch einige griechische Gesellschaften, die in diesen Plan verwickelt waren, mit Leitern in Griechenland, den USA und anderen Ländern. Er erklärte, den Diensten unter seiner Leitung lägen Dokumente vor, in die von den parlamentarischen Kommissionen Einblick genommen werden könne.

Einige Abgeordnete widersprachen, darunter auch der Vertreter der griechischen Minderheit.
Wenige Tage später veröffentlichte die italienische Zeitung »Corriere della sera« ein Porträt des griechischen Anwalts Alexandros Lykourezos, der seit Beginn der Unruhen in Südalbanien unterwegs war, von den rebellischen Komitees freundlich empfangen, wie der Korrespondent der Zeitung berichtete. Aus »Corriere della sera« erfuhr ich, daß dieser Mann nach dem Sturz der griechischen Obristen als Ankläger gegen sie fungiert und es geschafft hatte, sie lebenslänglich ins Gefängnis zu schicken. Später trat er in den Dienst einer von den Griechen in den USA finanzierten nationalistischen Lobby, deren Ziel der Anschluß Südalbaniens an Griechenland ist. Zuletzt fiel er durch seine Bereitschaft auf, den wegen Verbrechen gegen die Menschlichkeit vor dem Haager Gerichtshof angeklagten serbischen General Radko Mladic kostenlos zu verteidigen.

Andererseits zeigte die neue politische Klasse mitsamt der im wesentlichen ausgetauschten Administration vor allem auf höchster Ebene ausgeprägte Schwächen. Ihre Angehörigen waren persönlich arm, sehr viel ärmer als die von der Macht Vertriebenen. Diesen Zustand hielten die neuen Administratoren Albaniens für ungerecht und vor allem ungerechtfertigt. Sie waren es gewohnt, daß die politische und wirtschaftliche Macht in ihrem Land von den gleichen Leuten verkörpert wurde. Sie stammten vor allem aus Schichten, die unter dem Kommunismus zu leiden gehabt hatten, doch andere gesellschaftliche Modelle als das verhaßte kannten sie nicht, so daß sie, und sei es instinktiv, in Richtung auf eine schlechte Imitation gingen. Überdies war ein gut Teil von ihnen eher zufällig in der Politik gelandet, weniger durch eigenen Karriereehrgeiz als durch die Wogen der Ereignisse in die Parlamente und an die Kabinettstische gespült. Für eine solch große Verantwortung fehlte ihnen die politische Kultur und noch mehr die psychologische Vorbereitung. Schon bald wurde sichtbar, daß sie Geschmack an der Macht fanden. Die Schwächsten widerstanden nicht der Versuchung, sich zu bereichern, und verfielen der Korruption. Andere, durch Verleumdungen oder Kritik der Opposition in ihrem Stolz verletzt, griffen zur Politik der dröhnenden Paukenschläge, um ihren Zorn loszuwerden. Leider gesellte sich zu ihnen nicht selten auch Berisha. Sein Ton wurde schwankend und nahm eine für den Präsidenten, der die Einheit der Nation zu verkörpern hatte, gefährliche parteipolitische Einseitigkeit an. Als Folge scheint man vergessen zu haben, daß Rechtsstaat und politische Gewalt zwei verschiedene Dinge sind, die in einem klardefinierten Verhältnis zueinander stehen, dessen tiefgreifende Verletzung sowohl den Staat als auch die Regierungsmacht in Mitleidenschaft zieht. Das Land ist in der sinnverwirrenden Hektik eines anhaltenden Wahlkampfes steckengeblieben.

Tatsächlich kannte Albanien keinen Staat. Bis 1992 funktionierte er nach leninistischen Direktiven: verwachsen mit der kommunistischen Partei als deren Knute. Auch die wenigen Albaner, die nicht in der Zeit des fehlenden Staates geboren worden waren, hatten während dieses Vakuums doch Reife und Alter erreicht, waren Väter und Großväter geworden und unterschieden sich von uns, ihren Kindern und Enkeln, in keiner Weise. Sie hatten also auch nicht viel zu sagen. Mit einem Wort, wir, die wir seit den freien Wahlen

Verantwortung trugen, hatten das wenige, was wir über den Staat wußten, irgendwo in Büchern aufgelesen, ohne dabei je geahnt zu haben, daß wir uns einmal mit dem Aufbau unseres eigenen Staates zu befassen hätten. Aus all den genannten Gründen und noch einem anderen, ganz unschuldigen Grund, daß wir nämlich nur darauf vorbereitet waren, politische Debatten zu führen, nicht aber Gesetze auszuarbeiten und ihre disziplinierte Ausführung zu gewährleisen, weil wir meinten, daß diese Debatten der Schlüssel zu den Veränderungen in Albanien seien, generierten wir Albaner in jener Periode bloß Politik. So lieferten wir ein schädliches Beispiel dafür, daß ein Übermaß an Politik den Staat abtötet. Oder, um beim Beispiel Albanien zu bleiben: Vulkanische Politik machte den während des Wahlkampfs der Demokratischen Partei im März 1992 so wunderbar ersonnenen Staat zur Fehlgeburt.

Es stellt sich die zentrale Frage, ob in der Phase der postdiktatorialer Rekonvaleszenz eher ein starker oder ein schwacher Staat vonnöten ist. Ehe wir uns an eine Antwort wagen, muß vielleicht an den mehr als bitteren Nachgeschmack erinnert werden, den der Staat von gestern bei den Albanern hinterlassen hatte. Er wurde noch stark empfunden und war zwangsläufig ein Handikap für den neuen Staat. Je brutaler eine Diktatur gewesen ist, desto ausschweifender ist die Vorstellung der Menschen von der Freiheit. Sie sieht meistens den Staat gar nicht vor, oder, noch schlimmer, sie rückt ihn unter die ewigen Feinde. Die Frischbefreiten scheinen von schierer Anarchie erfüllt. Man darf nicht vergessen, daß der Sturz einer Diktatur nur gelingen kann durch den vereinten Mut und Veränderungswillen vieler hunderttausend Menschen, die aus allen Richtungen kommen. Aber dieser Zusammenschluß, der gegenüber der offiziellen Gewalt so ehern erscheint, basiert auf einem maßlosen Individualismus, der heimlich weiterlebt, ohne daß es jenen, die sich laut den schönsten Träumen von einer harmonischen Gesellschaft hingeben, vielleicht bewußt ist. Dieser Individualismus entlädt sich, noch ehe das Blut des Diktators getrocknet ist, und verwandelt sich sogleich in eine qualvolle Fessel beim Aufbau des neuen Staates. Albanien konnte auch darin keine Ausnahme sein.

Deshalb muß die Frage, ob es in der postdiktatorialen Zeit in Albanien eher eines starken oder eines schwachen Staates bedurft hätte, meiner Meinung nach zu widersprüchlichen Antworten führen. In der Realität konnten die drei radikalen Reformen, die konstitutionelle, die institutionelle und die ökonomische, ohne die eine Demokratisierung des Landes unmöglich war, nur vom Staat vollzogen werden. Die Albaner waren daran gewöhnt, daß Erdbeben von oben auf sie herabkamen, es fehlte aber auch ganz und gar die zivile Gesellschaft, die den Generatoren dieser Reformen auch noch eine andere, Gleichgewicht schaffende Energie hätte zuführen können. Ich würde also sagen, es bedurfte eines starken Staates. Aber wie sollte dieser Staat angesichts des Fehlens der zu einer demokratischen Gesellschaft gehörenden natürlichen Gegenkräfte sich selbst vor überzogener Machtausübung bewahren? Diese Gegenkräfte hätten in den vergangenen fünf Jahren ebenfalls herausgebildet werden müssen, woran man sich zwar versuchte, aber äußerst schleppend und oft schlecht, aus Unwissenheit, aber auch, weil der schon vor ihnen existierende Staat in instinktiver Selbstverteidigung oder bewußt versuchte, ihnen zu schaden. Das Ergebnis war, daß die politischen Verantwortlichen Albaniens seit 1992 sich im Spinnennetz dieser Widersprüche verfingen und nicht zu klären vermochten, ob wir in der Übergangsphase einen starken Staat brauchten, als Planer und Vollstrecker der großen Veränderung, oder aber einen schwachen Staat als einfachen Regulator bei den Kollisionen, die bei der freien Entfaltung von Wirtschaft und Gesellschaft unvermeidlich waren. Das mindeste, was sich sagen läßt, ist, daß in dieser Frage Mehrheit und Opposition die gleiche Unsicherheit und den gleichen Mangel an Kohärenz an den Tag legten.

Erklärung des Präsidenten Berisha beim Treffen mit den politischen Parteien

Wir haben uns zu etwas versammelt, dessen Albanien heute mehr denn je bedarf: zur Plattform der nationalen Versöhnung. Um das Land aus der entstandenen Situation herauszuholen, ist es vor allem nötig, daß sich die Politiker auf das Niveau der nationalen Versöhnung erheben. Ich bin davon überzeugt, daß diese Plattform die beste Nachricht ist, die wir jeder albanischen Familie geben können. Das erwartet die ganze Nation von uns. Aber es wäre auch die zivilisierteste Botschaft, die wir unseren Freunden, unseren Nachbarn vermitteln können, die Albanien in diesen fünf Jahren geholfen und die jüngsten Entwicklungen mit tiefem Schmerz verfolgt haben. In den letzten Tagen, als ich wie Sie versuchte, die beste Lösung für die Probleme zu finden, habe ich an verschiedene Varianten gedacht. Ich komme zum Ergebnis, daß der Akt der nationalen Versöhnung als Alternative allen anderen vorzuziehen ist, und ich fordere Sie, die Vertreter der wesentlichen politischen Kräfte, genauso auf wie alle Albaner, diese Alternative zu unterstützen. Das Land bedarf mehr denn je der Unterstützung aller. Bei diesem hohen Akt haben wir nichts zu verlieren. Alles, was im Namen der Versöhnung verloren wird, verdient es, verlorenzugehen. Ich werde nun einige Ideen vortragen, und wir sollten dann zu einer einheitlichen Meinung gelangen.

1. Das Parlament erläßt eine Amnestie für alle, die in die Wucherrevolte verwickelt sind, Zivilisten und Militärs.

2. Der Sonntag wird zu Ehren aller, die in diesem Zeitraum ihr Leben verloren haben, zum nationalen Trauertag erklärt.

3. Wir schaffen eine Regierung, in der alle politischen Kräfte hier vertreten sind und die Regierung der Nationalen Versöhnung genannt wird.

4. Innerhalb eines Zeitraums von nicht mehr als zwei Monaten werden vorgezogene Neuwahlen durchgeführt.

5. Im Zeichen der Versöhnung werden die Abgeordneten der Sozialistischen Partei aufgefordert, ihre Plätze im Parlament einzunehmen.

6. Die Wahlen sollen unter der vollständigen Überwachung durch internationale Institutionen stehen.

7. Innerhalb von Wochenfrist haben alle Bürger Waffen und Munition abzugeben.

8. Die Regierung der Nationalen Versöhnung, der gleichfalls die Vorbereitung der Neuwahlen obliegt, beginnt mit ernsthaften Anstrengungen hinsichtlich der internationalen Institutionen und der befreundeten Länder und unternimmt sämtliche Maßnahmen, um vorrangig den geschädigten Zonen zu helfen.

Tirana, den 9. März 1997

An diesem Treffen nahmen führende Vertreter von zehn Parteien teil.

Als Albanien von einem Zyklon der Gewalt erfaßt wurde, der täglich stärker wurde, bin ich in meiner Funktion als Botschafter zu dringenden Gesprächen mit erfahrenen Politikern und Diplomaten in Frankreich und anderen europäischen Ländern zusammengekommen. Überall bekam ich im wesentlichen die gleichen Fragen zu hören, die mich ehrlich überraschten. Einigen war ich schon zuvor und nicht nur einmal begegnet. Manche unter ihnen hatten sich auch mit dem Präsidenten Albaniens unterhalten, mit dem Premierminister, dem Außenminister oder anderen Regierungsmitgliedern. In Tirana oder in ihren eigenen Hauptstädten. Sie hatten ermunternde Erklärungen abgegeben und uns zum raschen Voranschreiten auf dem Weg der Demokratie beglückwünscht, wichtige politische, wirtschaftliche und militärische Dokumente unterzeichnet, die feste Beziehungen meines Landes zu den Ländern oder internationalen Organisationen, die sie leiten, begründeten. Sie stellten mir in diesen Tagen die gleichen Fragen wie zuvor. Auch meine Antworten waren die, die ich ihnen schon einmal gegeben hatte, im Glauben, sie hätten ihnen geholfen, sich Albanien zu öffnen. Ihre alten Fragen unter den neuen Bedingungen der albanischen Krise, ihre Mienen, die einmal erstaunt, dann wieder tadelnd waren, wie die eines Lehrers, der seine Schüler zum Schuljahrsende auf ihre Rückstände hinweist, machten, daß ich mir traurig darüber klar wurde, daß sie mir zuvor gar nicht oder mindestens nicht sehr aufmerksam zugehört hatten.

Ich denke, daß in dieser fehlenden Aufmerksamkeit der Freunde einer der wesentlichen Gründe für die jüngsten Erschütterungen in Albanien besteht. Ich habe in den letzten Wochen häufig zu hören bekommen, wir seien das ehemalige kommunistische Land mit den pro Kopf der Bevölkerung umfangreichsten Hilfen. Jeder einzelne Albaner habe von der Europäischen Union und dem Internationalen Währungsfonds (IWF) mehr profitiert als ein Russe, Tscheche oder Rumäne. Das stimmt nur dann, wenn man die Statistiken auf eine ganz bestimmte, diese Schlußfolgerung vorwegnehmende Weise liest. Zweifellos hat Albanien viel Hilfe erhalten, um die tiefen Löcher in der Makroökonomie zu stopfen. Es hat seine Dankbarkeit nicht verhohlen und die internationalen politischen sowie Finanz- und Militärinstitutionen dadurch belohnt, daß es ihre Weisungen zur Durchführung der Reformen genau befolgte. Angesichts der Ereignisse scheint mir heute die Frage angebracht, ob nicht gerade diese genaue Befolgung der Weisungen, die von der OSZE (Organisation für die Sicherheit und Zusammenarbeit in Europa), dem IWF und der NATO kamen, unseren politischen, wirtschaftlichen und militärischen Reformen ein allzu theoriegeborenes Tempo gegeben hat, das die realen Evolutionsmöglichkeiten Albaniens überschritt. Ich möchte mit einem Beispiel zu meiner nicht sehr erfreulichen Erforschung dieser Periode zurückkehren. Bei der Militärreform hat sich Berisha an die Standards der OSZE und die konkreten Ratschläge vor allem der Amerikaner gehalten. Der Kern ist, daß er selbst davon überzeugt war, daß Albanien, bis 1992 ein militaristisches Land stalinistischer Schule, eine zur Demokratie passende Armee brauchte. Bei der Umsetzung funkten ihm die ausländischen Experten dazwischen. Als Konsequenz sank die Zahl der Offiziere innerhalb kurzer Zeit von siebzehntausend auf fünftausend und die Zahl der Divisionen von siebenundzwanzig auf fünf. Im Januar 1997 gab es in Albanien also eine doppelt so große Zahl von Offizieren ohne Uniform wie in Uniform. Weder Washington noch Brüssel warnten uns vor den Gefahren für die Demokratie und die politische Stabilität, die von einem solchen Kontingent unzufriedener Militärs ausgingen. Und warum nicht? Passiert war etwas, das eigentlich nicht hätte geschehen dürfen: Die Freunde hatten sich damit begnügt, uns den Zauberspiegel vorzuhalten, in dem die Auswüchse zu erkennen waren, die gekappt werden mußten, und sich um die Schmerzen dabei, die leider auch nur bis zu einer bestimmten Grenze ertragen werden können, nicht weiter gekümmert. Sie hatten sich häufig erkundigt, ohne uns wirklich zuhören zu wollen, und mit den Finanzhilfen ihr eigenes Gewissen beruhigt. Nun wunderten sie sich darüber, daß soviel Wasser in die Fundamente unserer Demokratie eingedrungen war, und ich wunderte mich auch und war traurig, daß sie so lange so getan hatten, als interessierten unsere Sorgen sie wirklich.

Das Urteil, daß den Albanern von allen von den kommunistischen Diktaturen Befreiten am meisten geholfen worden sei, gibt also nur einen Teil der Wahrheit wieder. Von diesen Mitteln hat vornehmlich der Staatshaushalt profitiert, der bekanntlich unter den Bedingungen eines Ultraliberalismus, wie ihn der IWF diesem rückständigen Land ohne kapitalistische Traditionen aufgezwungen hat, nicht stark genug sein kann, um der Entwicklung der Volkswirtschaft den erwünschten Aufschwung zu verleihen. Albanien hatte es sich durchaus verdient, von dieser angesehenen Finanzinstitution als Musterschülerin beim Übergang zum freien Markt belobigt zu werden. Aber diese gute Note ließ die ausländischen Kapitalien, die es brauchte, um Straßen und Flughäfen, Hotels und Restaurants, Bergwerke und Fabriken zur Verarbeitung landwirtschaftlicher Erzeugnisse zu bauen, nicht reichlicher fließen. Was die ausländischen Investitionen in diesem Zeitraum anbelangt, steht Albanien alles in allem ganz hinten auf der Liste der ehemaligen kommunistischen Staaten. Ich halte es für dringend notwendig, daß aus dieser bitteren Erfahrung Lehren für die Zukunft gezogen werden, was die wirtschaftliche Zusammenarbeit Westeuropas und der USA mit Zentral- und Osteuropa anbelangt.

Laufende Chronik

Wie es Berisha gefordert hatte, einigten sich die Vertreter der zehn Parteien am 9. März auf die Schaffung einer Regierung der Nationalen Versöhnung mit allen von ihm angeregten Programmpunkten. Ganz Albanien stieß einen Seufzer der Erleichterung aus und fragte sich gleichzeitig verärgert, warum man, wenn es doch so leicht war, nicht schon vorher Einvernehmlichkeit erzielt hatte. Die Hoffnung schien wieder zum Leben zu erwachen.

Es dauerte gerade vierundzwanzig Stunden, bis zu erkennen war, daß es sich keineswegs um die leichteste Lösung handelte. Berisha selbst erklärte einer ausländischen Zeitung, er habe bis zum letzten Moment ernsthaft die Möglichkeit eines Rücktritts erwogen und sei davon nur deshalb abgekommen, weil sein Abgang der leichteste Weg gewesen wäre.

Keiner konnte sich am ersten Tag vorstellen, welche Schwierigkeiten es bereiten würde, diese Übereinkunft, die so einfach aussah, auch mit Leben zu erfüllen. Schon am nächsten Tag erschien die Opposition am runden Tisch mit Forderungen, die der Vereinbarung vom vorangegangenen Tag widersprachen. Man hatte von einer Regierung mit fünfzehn Mitgliedern gesprochen gehabt. Der Premierminister und die

Hälfte der Minister sollten der Mehrheit angehören. Die andere Hälfte der Opposition. Über Nacht hatten sich die linken Parteien anders besonnen. Ihre Abgesandten erschienen am Tisch fest entschlossen, das Amt des Premierministers in Besitz zu nehmen. Berisha beugte sich. Er gab es ihnen, wie auch das Verteidigungsministerium, das sie gleichfalls haben wollten. Dieser Sieg bestärkte die Sozialistische Partei in der Meinung, der Weg sei nun frei, die ganze Macht zu übernehmen, ohne erst Wahlen abzuwarten. Sie verlangte plötzlich auch noch das Innenministerium. Zugleich forderten die Rebellenkomitees im Süden, an deren Spitze überall Exgenerale oder Exobristen standen, Berishas Rücktritt und drohten mit einem Marsch auf Tirana. Berisha durchschaute ihre Absicht und gab nicht mehr nach. Das Innenministerium verblieb bei der Demokratischen Partei. Das ganze Theater dauerte drei Tage, was angesichts der Lage im Land viel zu lange war. Es gab weiteren Streit. Zwei kleine Rechtsparteien hatten in den vorangegangenen Wochen die Regierungskoalition verlassen. Mit böser Ernsthaftigkeit weigerte sich die Opposition, die diesen beiden Parteien zustehende Beteiligung an den Ministerien zu akzeptieren, so wie nun auch die Mehrheit den Kuchen nicht mehr mit ihnen teilen wollte. Die politische Klasse Albaniens machte sich damit auch vor der internationalen Gemeinschaft lächerlich, die tiefbesorgt auf die neue Regierung wartete. Die erste Freude der Albaner verflog schnell und machte zuerst Verzweiflung, dann Panik Platz.

Allenthalben wurden Waffenlager der Armee gestürmt. Gleich darauf wurden im Süden und dann in ganz Albanien die Gefängnistore gesprengt. Unter denen, die ausbrachen, war auch Enver Hoxhas Bannerträger bis 1992 mit einigen seiner engsten Mitarbeiter. Fatos Nano hingegen, Ramiz Alias Nachfolger an der Spitze der ehemaligen Partei der Arbeit, der 1993 wegen Veruntreuung während seiner Amtszeit als Premierminister verhaftet worden war, weigerte sich, seine Zelle zu verlassen, bis ein Vertreter des Justizministeriums ihn offiziell davon in Kenntnis setzte, daß er, wie Dutzende anderer Verurteilter seiner Art, vom Präsidenten begnadigt worden war. Jeder begriff, daß es eine erzwungene Begnadigung war. Es gab keine Polizei und keine Armee mehr. Es gab keinen Staat mehr. Vielmehr, es gab einen Staat, aber nur auf einer Fläche von zwei, drei Quadratkilometern im Zentrum des albanischen Tirana. Dafür schossen überall Komitees aus dem Boden und lieferten sich mit Hilfe von Interviews mit der BBC oder der »Stimme Amerikas« die verrücktesten Schlachten. Ein Lager verlangte ultimativ Berishas Rücktritt. Ein anderes sprang ihm genauso ultimativ zur Seite. Die dritten verkündeten Albaniens Zweiteilung. Wieder andere widersetzten sich dieser Möglichkeit entschieden. Noch einmal andere forderten die Kantonisierung des Landes wie in der Schweiz oder die Gliederung in Bundesländer wie in Deutschland. Oder wie es der ehemalige österreichische Bundeskanzlers Franz Vranitzki ausdrückte, der von der OSZE mit der Beilegung der Krise in Albanien beauftragt worden war: In Albanien herrschte ein solches Durcheinander, daß man Engel und Teufel nicht mehr auseinanderhalten konnte.

Engel und Teufel wohnten gemeinsam in jedem Albaner. Bis dorthin drangen die europäischen Truppen, die sechstausend Soldaten nicht vor, die nach einem gemeinsamen Ersuchen des Präsidenten Berisha und des neuen sozialistischen Premierministers an die Europäische Union unverzüglich entsandt wurden. Noch etwas anderes will vermerkt sein: Gleichzeitig mit den italienischen Soldaten, die den eben wiedereröffneten Flughafen bewachen sollten, traf in Albanien auch der Thronprätendent ein, Leka I., Sohn von König Zogu, den Mussolinis Soldaten volle achtundfünfzig Jahre vorher aus seinem Königreich vertrieben hatten. Die monarchistische Partei, die am 9. März zusammen mit den anderen Parteien an den runden Tisch eingeladen worden war, hatte endlich doch noch das Versprechen herausgeholt, eine Volksabstimmung über die künftige Staatsform durchzuführen. Konnte man sich eine größere Unvereinbarkeit auf der politischen Bühne überhaupt vorstellen? Ein am 6. März unter den Bedingungen des Ausnahmezustands wiedergewählter liberaler Präsident, ein Oppositionschef, der gerade vor Ende der Strafverbüßung aus dem Gefängnis entlassen worden war, und ein Anwärter auf den Königsthron, der nur die ersten vierundzwanzig Stunden seines Lebens in seinem Vaterland verbracht hatte.

Doch alle verpflichteten sich zur Durchführung von Wahlen bis Ende Juni. Nichts war wichtiger als dieser Termin. Die Komitees im Süden meinten weiter, ihre Uhr werde nie mehr ablaufen. Die Demokratische Partei begann mit der Analyse des Geschehenen. Mitten in dieser Welle sagte sich eine Handvoll von Regierungsmitgliedern der Periode 1992 – 1996 von ihr los und gründete eine eigene Partei, in der Hoffnung, auf diese Weise ungeschoren davonzukommen. Es waren die drei für Wirtschaft und Finanzen zuständigen Vizepremiers, der Exaußenminister und einige andere dieses Schlages. Die Sozialistische Partei ließ erstmals erkennen, daß sie sich des Resultats der bevorstehenden Wahlen durchaus nicht so sicher war, schloß ein Abkommen mit den bewaffneten Komitees und verweigerte sich mit oder ohne Grund jedem Vorschlag Berishas. Dazu gehörte die Ausarbeitung einer Verfassung mit Hilfe von Experten des Europarats und der OSZE, um sie in der verbleibenden Zeit noch verabschieden zu können. Die internationalen Institutionen unterstützten ihn. Die albanische Opposition nicht. Noch ehe der April herum war, veröffentlichte der albanische Analytiker M. Baze sein Buch »Albanisch-amerikanische Realitäten«, in dem er eindrucksvolle Belege dafür präsentiert, daß die CIA bei dem Chaos, das in Albanien herrschte, die Finger im Spiel hatte.

Der Wahlkampf hatte also begonnen. Es galt noch, ein entsprechendes Gesetz zu machen. Ein weiterer Anlaß für Streitereien. Die Demokratische Partei war für ein reines Mehrheitswahlrecht, mit dem Argument, die ausgelaugten Menschen müßten die Leute kennen, für die sie stimmten, um wieder etwas Vertrauen zu fassen. Die Sozialistische Partei zog ein reines Verhältniswahlrecht vor, da in der obwaltenden Situation die Konfrontation von linken und rechten Kandidaten die Spannung nur erhöhen werde. Für diese Variante waren auch die bewaffneten Komitees, die eine Sperrklausel von 0,7 % für den Zugang zum Parlament favorisierten. Sie hatten beschlossen, eigene Kandidaten aufzustellen. Offenbar bekamen sie langsam Angst vor der Zukunft und hielten die parlamentarische Immunität für einen sichereren Schutz als Waffen. Viele der kleinen Parteien besonders auf der Linken stellten rasch fest, daß die Sozialistische Partei nur die eigenen Interessen im Auge hatte, und wurden von panischer Angst vor einer Niederlage gepackt. Was würde aus den ganzen lauten Tönen gegenüber den Ausländern werden? Sie wußten nicht mehr, was sie tun sollten, und änderten täglich ihre Forderungen.

Letzten Endes kam eine Mischform heraus. Hundertfünfzehn Abgeordnete sollten nach dem Mehrheitssystem gewählt werden, vierzig weitere nach dem Verhältnissystem. Die Sperrklausel wurde bei 2 % angesetzt, was sicher die niedrigste vorstellbare Lösung war.

Ob das neue Parlament wohl die Stabilität bringen wird, derer dieses Land so dringend bedarf wie die Luft zum Atmen?

Paris, im Mai 1997